危機管理の焦点

久本之夫 著

東京法令出版

まえがき

本書は、過去数年にわたって「Ｖｏｉｃｅ」（ＰＨＰ研究所）、「捜査研究」（東京法令出版）、「警察公論」（立花書房）に掲載した危機管理関係の論説を取りまとめたものである。

当初のテーマはテロ事件などの緊急事態への対処を中心としていたが、近年では、危機を産み出し、あるいは危機を増幅させる組織構造の問題点に関する研究が主眼となり、内部告発問題やエンロン事件のように民間企業の危機管理を取り扱うケースも増えている。改めて感じるのは、危機管理というものは、危機が発生した際の対処だけでなく、危機の発生を予防する構造改革、危機を想定した各種の準備作業、危機が終了した後の教訓事項の抽出、そしてこの教訓に基づく再度の構造改革といった一連のサイクルとして位置付けなければならないということである。さらに、将来に対する不確実性がますます増大する現代においては、公的部門や民間企業を問わず、組織管理の必須の一部として危機管理をとらえていく必要があるという思いを強くしている。

本書に収録した論文の中には、問題事案の渦中において執筆され、その後の事態の展開が筆者の予測と異なっているものもあるが、なるべく内容面の改訂を避け、書き直しは誤字脱字や事実関係の単純ミス等に限定した。これは、危機管理の研究においては結論を知ることがすべてではなく、むしろ不完全な情報が錯綜する中でいかに判断を下すかというプロセスが重要であることから、当時の筆者の考えを読者にそのまま提示することが有用と考えたためである。なお、特に追加情報の提供が必要と考えられる論文については、末尾に追記として付加することとした。

本書が、危機管理に従事される関係者の参考書として、広く活用されることを願ってやまない。なお、本書の出版にご尽力いただだいた東京法令出版の企画開発部、編集部に心から御礼申し上げるとともに、その笑顔でいつも私に活力を与えてくれる愛娘美里に本書を捧げる。

平成一五年八月

久本　之夫

目　次

目次

第5章　危機管理の諸問題

第1章

テロ事件への対応

焦点１

炭疽菌事件と生物兵器テロ対策の課題

１　炭疽菌テロ事件の発生

二〇〇一年一〇月四日、米国のトンプソン厚生長官が炭疽病患者の発生について報道発表した。その後の調査により次々と感染者が発見され、炭疽菌入りの郵便物を送り付ける新しい形態のテロ事件であることが明らかとなった。

問題の炭疽菌入り郵便物は計四通、これによって炭疽菌の汚染を受けた政府施設はホワイトハウス、連邦議会、連邦最高裁、ＣＩＡ本部など六機関に達している。人的被害については、米疾病対策センター（ＣＤＣ）によると、発症した患者が二二人（この中には疑わしい症例も含む。）に達し、郵政職員三人を含む四人の尊い人命が失われた（コネチカット州において炭疽病で死亡した九〇代の女性については、テロとの関連が不明なので計上していない。）。

この炭疽菌テロ事件は、同時多発テロ事件の直後に発生したものであるだけに、ビンラディンのテロ組織アル・カーイダとの関係が取り沙汰された。ビンラディンが東欧の生物兵器研究所から炭疽菌を入手することを計画していたという情報があり、また、同時テロ実行犯が以前に航空機からの農薬散布についての資料を収集していたことから考えても、テロ組織が病原菌散布テロを研究していた可能性は高い。これに加えて、かねてから生物兵器として炭疽菌の研究を続けていたイラクとのつながりも噂されている。

その一方で、米国のアシュクロフト司法長官やモラーFBI長官は、「アル・カーイダとの関連を示す証拠はない」と言明し、米国内の極右グループによる犯行との見方を強めている。この極右グループは、九五年のオクラホマシティー連邦ビル爆破事件などのテロを敢行しており、以前にも活動家が炭疽菌所持の容疑で逮捕されたことがある（実際に所持していたのは家畜用の炭疽菌ワクチンと判明）。ただし、報道状況から判断する限りでは、事件の核心に結びつくような情報はいまだに得られていないようだ。

この犯人の姿が見えぬテロ事件は、米国民に大きな衝撃を与え、我が国でも白い粉を送り付ける模倣犯が発生するなど深刻な社会問題となった。本稿では、このテロ事件の発生を受けて、生物兵器に対する基礎知識を提供するとともに、今後のテロ対策を展望することとする。

2　生物兵器としての炭疽菌

炭疽菌は、長さ五〜一〇マイクロメートル、直径一〜二マイクロメートルの円筒状の細菌で、牧場などの土中に生息している。自然界では極めてありふれた細菌で、多くの地域で容易に発見できる。もともと牛などの家畜の病原体だが、人間にも感染することが知られている。

炭疽病は、その感染経路によって、皮膚炭疽、腸炭疽、肺炭疽の三種類に分けられる。皮膚炭疽は、皮膚の傷口から炭疽菌が体内に入り込むもので、皮膚に黒い潰瘍ができるのが特徴であり、死亡率は25パーセントと低い。腸炭疽は、菌に汚染された肉類を食することで消化器に感染するもので、死亡率は25～60パーセントと高くなるが、家畜の検査体制が整っている日本では、ほとんど危険性はないと言ってよい。問題は最後の肺炭疽だ。

肺中に炭疽菌を吸い込むことで発症する肺炭疽は、高熱・胸の痛みなど風邪に似た症状となり、やがて呼吸障害を引き起こす。その死亡率も90パーセント以上と極めて高い。今回のテロ事件で死亡した四人は、いずれも肺炭疽に罹患したものだ。

なお、九九年四月に施行された感染症予防法では、感染症の危険度に応じて一類から四類まで分類しているが、炭疽病は最も危険度の少ない四類感染症とされている。これは、炭疽病が人から人へ感染することがないためだ。

炭疽病の予防のためにはワクチン接種が有効だが、現時点では炭疽菌ワクチンの製造国が米国、中国、ロシアの三か国に限られている。このうち中国とロシアのワクチンには副作用があり、実用的でないとされている。米国のワクチンには安全性の問題はないが、生産の遅れにより、当の米国でさえも、兵士向けのワクチン接種計画が完了するのが二〇〇五年というペースだから、当面はワクチンの入手は不可能と考えた方がよいだろう。

炭疽病の治療については、そもそも症例が極めて少ないため、まだ治療法は確立していないが、基本的にはペニシリン、塩酸シプロフロキサシンをはじめとする多くの抗生物質が有効である。ただし、その治療効果は初期段階ほど高く、症状が重篤になると難しくなるため、早期治療が極めて重要だ。ちなみに、事件後に厚生労働省が行った調査では、炭疽菌テロに対応可能な抗生物質の在庫が数十万人分あることが確認されている。

なお、生物兵器用に遺伝子組換えされた菌には、抗生物質に対して耐性を持つものがある。この場合には、ＭＲＳＡ（メチシリン耐性黄色ブドウ球菌：抗生物質が効きにくい菌で、八〇年代からこの菌が原因の院内感染が問題となっている。）に対する治療と同様に、複数の抗生物質を組み合わせて対応することとなる。ただし、今回のテロで使用された菌については、ＤＮＡ分析の結果、医学研究用に流通されている標準タイプと判明している。

炭疽菌の特徴の一つは、なかなか殺菌が難しいという点だ。休眠状態の炭疽菌は、周囲を殻で包まれた芽胞となっているが、この状態で何十年も生き続けることができる。この芽胞は熱にも強いため、摂氏一〇〇度でもなかなか死滅せず、化学物質や紫外線に対する抵抗力も強い。しかし、次亜塩素酸溶液には弱いため、家庭用漂白剤で殺菌することが可能だ。

致死率が高く、長期保存も容易な炭疽菌は、かねてから生物兵器としての研究が進められてきた。特に、旧ソ連は生物兵器の開発に熱心であり、第二次大戦直後の四六年には、ウラル地方のスベルドロフ（現エカテリンブルク）に炭疽菌製造工場が設立されている。ちなみに、七九年に同工場から炭疽菌が漏れ、周辺の住民約七〇人が死亡する惨事が発生した。

3 生物兵器の実際の危険性

生物兵器は、核兵器と比較すると製造が安価で、それほど高度な技術も要しないために、「貧者の核兵器」とも呼ばれている。

確かに病原菌を入手すること自体は極めて容易であり、医療関係者であれば、研究用に販売されている菌を購入することもできる。その菌を大量培養するための機器も、近年のバイオ産業の発達により容易に入手可能だ。その効果については、WHOでは、人口五〇万人都市の上空で五〇キロの炭疽菌を散布すると、九万五〇〇〇人の死者が発生すると推定している。

しかし、生物兵器の実際の危険性は、核兵器と比較すると格段に小さいものだ。「貧者の核兵器」という呼び名のために、生物兵器の脅威が実際よりも誇大に宣伝されている傾向は否めない。

生物兵器のボトルネックとなるのは、病原菌をどうやって被害者の体内に送り込むかという点だ。炭疽菌のケースでも、一個の菌が口に入れば発病するといった簡単なものではない。農場で働いている人が八時間に約五〇〇〇個の炭疽菌を吸い込んでいたにもかかわらず、発症しなかったという調査結果もある。死亡率の高い肺炭疽を発症させるには、少なくとも数千個の菌を肺の奥深くに吸入させることが必要だ。

もともと炭疽菌には塊になりやすい性質があるが、粒子のサイズが大きいと、たとえ吸い込んだとしても、途中で鼻や気道の粘膜に付着してしまって、肺の奥までは届かない。今回のテロ事件でも、散布された炭疽菌の量と比較して、肺炭疽の発症者が意外に少ない（一〇人）のはそのためだ。

ＷＨＯの死者九万五〇〇〇人という数字も、あくまで理想的な諸条件が整っていることを前提としたものであって、あまり現実的ではない。散布場所の湿度、天候、空気の流れなどの自然環境が炭疽菌粒子の拡散に大きく影響するため、実際に発病する人数はかなり減少すると考えられる。

さらに、適切な治療を受けることができれば、前述の死亡率は大幅に低下する（今回のケースでは、肺炭疽の死亡率は四〇パーセント）。十分な医療を受けられない戦場や発展途上国で使用された場合と違って、日本のように医療体制が発達した国では、生物兵器もそれほどの効果はあげられないだろう。

ちなみに、生物兵器としての有効性を上げるためには、炭疽菌の芽胞を直径一・五～三・〇マイクロメートルの超微粒子に精製し、塊になりにくいように表面をコーティングすることが必要である。ただし、それには相当に高度の専門技術を要するため、テロ組織が独自にこのような加工を行うことは困難と考えられている。

実際の危険性がより高い生物兵器といえば、天然痘があげられよう（疾病としての天然痘は絶滅したが、そのウィルスがワクチン製造や生物兵器開発のために保管されている。）。二次感染のおそれがない炭疽病と違って、天然痘は空気感染により急激に広がるためだ。米国の国際戦略研究所（ＣＳＩＳ）のシミュレーションによると、米国内で五〇人に感染させれば、一か月以内に患者が三〇〇〇万人に拡大するとされている。

ただし、日本では種痘を実施していたため、二六歳以上の者には天然痘に対する免疫がある。政府でも、平成一三年度補正予算で二五〇〇万人分の天然痘ワクチンの備蓄を進めたところだ。

4 迅速な対応は可能か

以上のように、生物兵器によるテロが日本で敢行されても、一部の評論家がセンセーショナルに論評しているような事態になるとは考えにくい。しかし、いずれにせよ被害範囲を最小限に押え込むためには、速やかに対応措置をとることが必要である。

化学兵器テロの場合には、地下鉄サリン事件のようにすぐに発生を確認できるが、生物兵器テロの場合は、
○　実際に発病するまでに時間がかかる（炭疽病の場合は二〜七日）
○　他の病気と紛らわしいために診断が難しい（炭疽病の初期症状は風邪と似ている）
○　細菌の種類を特定するまでに時間がかかる（検知には数日を要するのが通例）
などの問題があるため、迅速な対応が難しい。特に検知については、採取されたサンプルを栄養培地で培養して顕微鏡で確認する一次検査に最低でも一五時間、菌の遺伝子を鑑定する確定診断にはさらに数日が必要である。

ちなみに、炭疽菌はバシラス属に属する細菌だが、このバシラス属の菌は形状が似通っている上に、我々の身の回りにも存在しているため、一次検査の際の見落としや見間違えが発生しやすい。今回のテロ事件でも、一時は至る所で「炭疽菌検出」との発表がなされたが、その多くは再検査でシロと訂正されており、炭疽菌検査の難しさを示している。

さらに問題となるのは、日本の感染症医療の体制だ。もともと日本では、生物兵器の研究がほとんど行

われていなかったことに加えて、近年、生活環境が清潔となって感染症の患者数が激減したために、感染症に関する研究体制が極めて脆弱となっている。

厚生労働省の統計によると、日本国内で炭疽病に罹患した者は、統計を取り始めた四七年以降に一〇八人、このうち死者は六人にすぎない。発症が最後に報告されたのは九四年のことであり、国内では炭疽病を診察した経験のある医師は皆無に近いというのが現状だ。前述のように肺炭疽の初期症状は風邪とよく似ていることもあって、風邪と誤診されて対応が遅れるケースも十分に考えられる。

厚生労働省では、今回のテロ事件を受けて、国立感染症研究所で全国の衛生研究所の担当者に対する講習会を実施し、炭疽菌の判別方法について教養した。それでもノウハウの不足は否めず、肝心の炭疽菌がストックされていないため、講師でさえも自ら炭疽菌を検査したことはないという有様だったようだ。

設備的にも、二〇〇一年三月の調査では、各都道府県や政令指定都市に設置されている衛生研究施設のうち、炭疽菌の検査が可能なものは全体の三六パーセントにすぎない。米国でのテロ事件の直後に福島中央郵便局で白色粉末の漏れた郵便物が発見された際にも、福島県衛生試験場では検査ができずに、東京の国立感染症研究所に粉末を緊急輸送する事態となった（検査でデンプンと判明）。

5　危機意識の欠如

対応の遅れにつながる問題として、保健・医療関係者の危機意識の欠如も見逃せない。化学兵器テロの場合には、消防・警察といった危機管理に慣れた機関に検知器具や洗浄用具が備えられているが、生物兵器テロの場合には、危機管理という点では全くの素人である保健・医療機関が第一次的に対応しなければならないためだ。

前述の福島県の事例でも、地元では複雑な検査は無理であっても、粉末のサンプルを入手して顕微鏡で見てみれば、デンプンや粉砂糖などとの区別は簡単にできたはずだ。それにもかかわらず問題の粉末を長時間放置していたというのは、関係者の間に危機意識が欠けていたと断じざるを得ない。

また、患者の発生を早期に把握するためには医療現場からの速報が不可欠だが、感染症予防法第一二条では、四類感染症の炭疽病については「診断後七日以内に」医師が保健所に届け出ることと規定されているだけだ。天然痘に至っては、「既に絶滅した」との建前のため、感染症予防法の対象にさえなっていない。これは、感染症予防法が厚生労働省所管の法律であるため、通常の疾病対策が主眼とされ、テロ対策の観点がまったく欠落しているからだ。この機会に、生物兵器テロの可能性を念頭に置いた感染症監視体制を検討すべきであろう。

蛇足だが、霞が関の縦割り行政が危機管理上の障害となっているのは厚生分野にとどまらない。例えば、核関連施設の構造等を定める原子炉等規制法では、通常の事故に対する備えは工夫されているが、核ジャック等のテロに対する配慮はほとんどなされていないのが現状だ。今後、こうした一般の法制度の中にテロ対策の仕掛けを組み込む作業を推進すべきである。

また、自衛隊の海外派遣の場合と同様だが、日本では危機管理の最前線に立つ者に対するサポートが決して十分ではない。今後は、生物兵器テロ対策に従事する可能性のある保健衛生関係者や警察・消防・自衛隊などの対策要員に対して、あらかじめ炭疽菌と天然痘の予防接種を実施すべきである。ちなみに米国では、全兵士に対して炭疽菌のワクチン接種を行うことを計画している。

さらに、より長期的なテロ対策として、大量破壊兵器がテロリストの手に渡ることを未然に防止するための環境作りも重要だ。

旧ソ連では、最盛期には百数十の施設で六万人もの人員が生物兵器の開発製造に従事し、このうち少なくとも数千人の科学者や技師が、生物兵器製造のノウハウを持っていたとされている。彼らの一部は、ソ連の崩壊によりイラクや北朝鮮などの問題国家にリクルートされたと言われており、生物兵器の技術流出が懸念されている。また、中央アジアの実験施設の地中には、生物兵器用に強化された炭疽菌が眠ったままだ。

これに対して、現在、米日欧で出資した「国際科学技術センター」が設置され、核・生物兵器などの大量破壊兵器の開発に当たった研究者たちの失業対策に当たっているが、同センターの年間予算は約一〇億円と少なく、十分な対応ができていない状態だ。今後、こうした旧ソ連の「負の遺産」の始末のため、迅速かつ積極的な取組みが求められる。

⑥ 広報対策の重要性

生物兵器の本当の脅威は、実際の殺傷能力ではなく、その心理的効果だ。今回のテロ事件でも、現実に炭疽病に感染した人はわずかであり、毎年流行するインフルエンザの方がはるかに大きな被害を与えている。それにもかかわらず、この事件が米国民の生活に対して及ぼした心理的効果は極めて甚大であった。「目に見えない菌が付着しているかもしれない」「自分も知らぬ間に感染しているかもしれない」というストレスは、一般市民には耐え難いものだ。日本でも、かつてのグリコ・森永事件の青酸入り菓子や毒入り飲料殺人事件の際に相当な動揺が社会に広がったが、それをはるかに上回るだろう。

このようにやり場の無い不安が国民の間に広がれば、各種の混乱やパニックが発生するのは避け難い。残念なことに、今回のテロ事件では、人々の危機感を煽りたてるのにマスコミも一役買ったようだ。その中でも特に重大な影響があったのは、「米国各地、更にドイツ、ケニア、パキスタン等でも郵便物から炭疽菌が検出された」という誤報だ。実際には、炭疽菌入り郵便物は米国東部で発見された四通のみであり、それ以外は検査ミスと判明している。

この誤報については後に訂正報道がなされている。しかし、センセーショナルな見出しと大きな紙面スペースが割り当てられた誤報に対し、訂正報道の取り扱いはあまりにも小さい。多くの読者は訂正報道の存在に気がつかないままだったため、「テロリストが次から次へと炭疽菌入り郵便物を送り付けている」というイメージが一人歩きしてしまったのだ。

誤報に惑わされた人々は、ハメルンの笛吹きに踊らされるネズミのように、炭疽菌に対する抗生物質である塩酸シプロフロキサシンを服用し、あるいは防毒マスクを購入した。ちなみに、塩酸シプロフロキサシンには若干の副作用があり、専門家の間では、この副作用による健康被害が問題視されている。

生物兵器テロに限らず、緊急時には、関係者がパニックに陥ったり、群集心理に駆られて行動したりしがちである。これは危機に対処するに当たって大きな障害となるだけでなく、事件そのものよりも心理的動揺による二次被害の方がはるかに深刻なことさえ少なくない。そのため、市民の動揺を沈静化させる広報対策が重要となる。

この広報対策とは、広報活動を通じて行う「対策」であるが、日本の行政当局には、広報対策と普通の広報を混同している者が少なくない。「マスコミが騒ぐから仕方なく広報する」「とにかく事実関係だけを手短に読み上げればよい」といった考え方がその典型だ。

このような官僚的対応では、国民が猜疑の目を行政側に向けるようになるために、かえって不安感を増幅する結果となる。緊急事態の内容（特にその危険性の実態）と行政の対処方策について国民にわかりやすく語りかけるとともに、デマや誤報に対しては積極的な反論を行ってパニックを封じ込めることが肝要である。ダイオキシン騒動や狂牛病の時のように軽薄な政治家がパフォーマンスを演じてみせても、誰も安心したりはしない。「カイワレ大臣」の言葉をそのまま信じ込むほど日本国民のレベルは低くないのだ。

ちなみに、フランスでは、米国で炭疽病患者の発生が発表された翌日には、国内の動揺を防ぐために、クシュネル保健担当大臣が記者会見を実施し、生物兵器テロ防止計画「ビオトックス」の詳細を明らかにした。

その内容としては、ワクチンの備蓄、救急医療体制の整備、感染症の発生報告の義務付けなど、現在日本で進められている諸対策と大差ない。しかし、国民に与えた安心感という点では日本と雲泥の差である。今回のテロ事件を契機に、我が国の危機管理担当者も広報対策の重要性を再認識すべきだろう。

【参考文献】

『感染症の予防及び感染症の患者に対する医療に関する法律』中央法規
村上和巳「警告！炭疽菌テロ日本で起きたらどうなる」軍事研究二〇〇一年一二月号

（二〇〇一年一一月脱稿）

〈追　記〉

炭疽菌テロの被害者は、最終的に感染者一九人（うち肺炭疽一一人）、死亡者五人とされた。このテロに使われた細菌については、世界の研究施設で広く利用されている北米原産の菌株を、事件前の二年以内に生物兵器用に加工したものと判明した。捜査を担当するＦＢＩでは、米陸軍感染症医学研究所の元研究員の自宅を二回にわたって捜索したが、結局は「容疑者ではない」と発表するに至った。また、それ以外にも炭疽菌を生物兵器に加工する技術を有する者約三〇名を対象に捜査を進めているが、これまで有力な情報がなく、捜査は難航していると伝えられている。

焦点２

● 同時多発テロ事件と今後の展望

１ はじめに

二〇〇一年九月一一日、イスラム原理主義過激派による同時多発テロ事件が米国内で発生した。テロリストたちは四機の民間旅客機をハイジャックし、うち一機はペンシルバニア州郊外に墜落したが、二機がニューヨークの世界貿易センタービルに激突して同ビルを崩壊させ、残る一機も首都ワシントンの国防総省に突入し、テロによる死者・行方不明者は実に五〇〇〇人を超えた。本稿では、この史上最悪のテロ事件の発生を受けて、今後のテロ対策と国際情勢の行方を展望することとする。

２ 新しい形態のテロ

航空機に対するテロは、機体爆破とハイジャックに大別される。このうち機体爆破については、機内への爆発物持ち込みを防止するための対策が近年大きく進展した。これまで航空貨物の中に隠された爆発物、特にテロに多用されるプラスチック爆薬の探知は非常に困難だったが、高解像度Ｘ線技術とＣＴ技術を応用した新型のＥＤＳ（爆発物探知システム：Explosives Detection System）が新たに開発されたのである。

　このEDSは、航空貨物の内容物を原子番号と密度で検索するもので、最新型のCTX9000（インヴィジョン・テクノロジー社製）は、わずか数秒で爆発物の有無を判定できる。今後、このタイプのEDSが普及すれば、機内への爆発物持ち込みの危険性は著しく減少することになるだろう。

　ハイジャック事件についても、近年の発生件数は減少傾向にあった。これは、空港でのハイジャック防止対策が整備されたことに加えて、七六年のエンテベ事件やその翌年のモガディシオ事件で治安機関による強行突入が成功したことを受けて、「ハイジャック犯人に対して絶対に妥協しない。やむを得ぬ場合には強行突入も辞さず」という考え方が世界的に普及したためだ。

　しかし今回の事件は、機体をテロリストが占拠した点ではハイジャックということになるが、これまでのハイジャック事件の範疇からは大きく外れるものだ。ハイジャックされた機体が、政治的取引の材料ではなく、「武器」として使用されたのである。

　従来型のハイジャックでは、政府側と交渉する間、時には数日にわたって機体の占拠を続けるために、犯人側としては相当な武器を装備する必要があった。この武器の機内持ち込みを防ぐのが、これまでのハイジャック対策の主眼だったわけだ。しかし、今回のような自爆テロでは、テロリストがほんの数十分間だけ機体を支配できれば目的を達することが可能である。

　他の乗客たちは所詮烏合の衆だから、一度に五、六人のテロリストを搭乗させれば、機内を一時的に制圧するのは簡単だ。それにはナイフ程度の武器で十分であり、軍事訓練を積んだテロリストであれば素手でもやれるだろう。

3 自爆テロ対策の困難性

テロリストに乗っ取られた自爆機を止めるには、撃ち落とす以外に方法がない。今回のテロ事件でペンシルバニア州郊外に墜落したユナイテッド九三便のケースでも、ブッシュ大統領は、空軍機のパイロットに最後の手段として旅客機を撃墜する権限を与えている。

しかし、現実問題として、空軍機が迎撃するまでには相当な時間を要するため、自爆テロ機を撃墜できる確率は極めて低い。今回の国防総省に対する自爆テロのケースでも、連邦航空局の緊急通報を受けて迎撃のF16戦闘機が到着するまでに三〇分も経過していた。これでは到底間に合わない。

大都市や重要施設の周辺に対空ミサイル部隊をあらかじめ配置しておく対策も考えられるが、問題となるのは、どの時点でミサイル発射を決めるかという点だ。

自爆突入することが明らかならば、どうせ乗客は全滅するのだから、その前に撃墜するのもやむなしという判断が成り立つ。しかし、ハイジャック発生時には相手の正体がすぐにわかるはずもなく、実際にハイジャック機が突入コースに入るまでは射撃を控えざるを得ないだろう。

そこまでハイジャック機が接近していれば、たとえミサイル攻撃が成功しても、炎上した機体が目標の近傍に墜落することとなる（対空ミサイルの炸薬量では、ハイジャック機を粉々にすることは不可能）。ニューヨークのような大都市が標的とされた場合には、いずれにせよ大惨事が避けられない。

結論としては、今回のような自爆テロに対して有効な対策は存在しない。かろうじて考えられるものといえば、

○　客室内で何が起ころうとも決して操縦室のドアを開けないこと
○　銃器で武装した警備員を搭乗させること

の二点くらいである。

前者の対策については、既にマニュアル化されている。しかし、「ドアを開けないとスチュワーデスを殺すぞ」などと犯人から脅迫されて、パイロットがドアを開けてしまうケースが大半である。一人の人間としてのパイロットの心情面を考えると、操縦室のドアを開けないことについて、今後もどこまで徹底できるか疑問だ。

4 コストに制約される保安対策

後者の武装警備員については、今回のようにテロリスト側が機内にそれほどの武器を持ち込んでいない場合には有用である。実際にも、再三テロの標的とされてきたイスラエルの航空会社では武装警備員を搭乗させているし、米国にもエア・マーシャル（連邦保安官）という同様の制度がある。

日本では、警備員の銃器携帯は法律で規制され、警察官の航空機への警乗も行われていないため、今後の課題として検討すべきだろう。ただし、警備員が真っ先に奇襲されて銃器を奪われる事態も考えられるので注意を要する。

また、忘れてならないのがコスト面の制約だ。フライトの一部に搭乗させるだけでも一〇〇名を優に超える武装警備員が必要となるが、構造不況に苦しむ航空会社にそれだけの人員を雇用する余裕があるとは思えない。そもそも既存のハイジャック対策についても、コストの制約から十分に機能していないというのが実状だ。

九九年の全日空機ハイジャック事件を契機に日本では保安体制を強化しているが、内実は相当にお粗末なものだ。筆者は長さ一二センチの金属製ボールペンを常時持ち歩いているが、空港の金属探知器に引っかかったことはほとんどない。おそらく検査係員が金属探知器の感度を規定よりも落しているためと思われる。

現場でそのような「運用」がなされてしまうのも、結局はコストの問題だ。〈コスト削減のために警備員の数を抑える〉→〈検査待ちの行列となって顧客から苦情が出る〉→〈検査時間を少しでも短くするために金属探知器の感度を落す〉という負の連鎖である。今回の同時テロによって空港での検査が最高レベルに強化された矢先の九月一三日にも、日航機内に刃渡り七センチの折り畳みナイフが持ち込まれる事件が発生している。

このように保安対策よりもコストの方が優先されるのは、航空会社、空港管理者、更には彼らを指導する立場にある国土交通省の姿勢に問題があると言わざるを得ない。米国では、ＦＡＡ（連邦航空局）が抜き打ち調査を実施し、保安対策上の問題が認められた航空会社から罰金を徴収することまで行われている。今回のテロ事件を契機に、日本でも空港警備の在り方を根底から見直すことが必要だろう。

なお、今回のテロ事件に関連して、「日本の治安当局はテロに関する事前警報を握りつぶしていた」と論じるマスコミ関係者が少なくないが、この批判は的外れである。

現実には、テロ警報が発出されるのは日常茶飯事だ。二〇〇一年六月以降だけでも、米国を対象とするテロ警報は、日本外務省が把握しているだけでも九件（今回の警報を除く。）に達している。ある意味では、テロ警報は「オオカミ少年」となっているのが現状だ。今回の事前情報も極めて漠然としたものであって、関係機関が特別な警戒体制を取っていなかったとしても無理はない。

5 自爆テロの黒幕

ブッシュ政権は、今回のテロ事件はイスラム原理主義過激派によって敢行されたもので、その黒幕はアフガニスタンに潜伏するビンラディンであると発表している。

サウジアラビアの富豪一族の出身であるビンラディンは、アフガニスタンをソ連軍から解放することを目的として「アル・カーイダ」（「基地」という意味）を設立し、アラブ義勇兵部隊を組織して戦っていた。しかし、九一年の湾岸戦争後にイスラムの聖地メッカが所在するサウジアラビアに米軍が駐留したのをとらえて、「異教徒に聖地を占領された」として反米に転じたものだ。

アル・カーイダの構成員は五〇〇〇人に達するとみられ、アフガニスタンに一〇か所以上の訓練基地を持ち、五〇以上の国・地域で末端が活動している。さらに、ビンラディンは、九八年二月に世界各地のイスラム原理主義過激派組織を糾合して、「ユダヤ人と十字軍に対する聖戦のための国際イスラム戦線」を結成した。ちなみに、この「十字軍」というのは、米国を意味している。

この連合組織には、八一年にサダト・エジプト大統領を暗殺した「ジハード団」や、九七年にエジプト南部の観光地ルクソールで多数の外国人旅行者を殺害した「イスラム団」、パキスタンの「ハラカト・ムジャヒディン」、フィリピンの「アブ・サヤフ」などが参加している。

ビンラディンの最大の武器は、その資金力だ。自ら約三億ドルの私財を活動資金に投じたほか、支持者からの寄付も相当な金額に達すると考えられている。

原理主義の台頭を恐れる湾岸諸国では、こういった寄付行為に対する締め付けを強化しているが、ビンラディンの掲げる「イスラムの大義」に魅了された支持者は少なくない。中には一〇〇万ドル単位で寄付をする富豪もいると伝えられ、九九年には五〇〇〇万ドルの資金を提供していたイスラム教聖職者グループがサウジアラビア当局に摘発されている。また、今回のテロに際しても、株式市場の急落を利用した投機取引によってテログループが巨利を得たという情報もある。

ビンラディンの資金ルートを遮断するために、米財務省に「外国テロリスト資金追跡センター」が新たに設置されるなど、関係機関による調査が現在進められている。しかし、グローバル化した金融業界は巨大なブラックホールのようなものであって、多数の仮名口座やタックスへイブンのペーパー会社を利用して巧妙に隠蔽された資金ルートの全容を解明することは今後も極めて困難だろう。

この豊富な資金力を背景に、ビンラディンはアフガニスタンを中心に世界的なテロリスト・ネットワークを構築した。これまで彼が関係したとされるテロ事件は、九三年の世界貿易センター爆破事件、九六年のサウジアラビアでの米軍施設爆破事件、九八年のケニア・タンザニアでの米国大使館同時爆破事件、二〇〇〇年のイエメンでの米国駆逐艦爆破事件など多数に上っている。ちなみに、九九年に中央アジアのキルギスで日本人鉱山技師を拉致し、二か月にわたって監禁した「ウズベキスタン・イスラム運動」も、ビンラディンから資金援助を受けていたと見られている。

⑥ タリバンとビンラディンの関係

アフガニスタンに潜伏しているビンラディンは、同国を実効支配しているタリバンの庇護下にあると考えられている。ただし、タリバンが国家としての実態を備えているとは言い難く、外交上もタリバン政権を承認しているのはパキスタン、サウジアラビア、アラブ首長国連邦の三か国だけだ（サウジアラビアとアラブ首長国連邦は今回の事件発生後にタリバンと断交）。

タリバンの正式名称は、「イスラム神学生による改革運動」である。パキスタン国境地帯で生活していた難民の子弟で、神学校において原理主義教育を受けたグループによって九四年に結成されたものだ。タリバンの組織化に当たっては、アフガニスタンの混迷を憂慮した隣国パキスタンの軍統合情報部（ＩＳＩ）が相当な支援を行っている。

アフガニスタン統一を目指すタリバンは、九六年九月に首都カブールを占領し、現在では国土の九割を支配下に置いている。このタリバンに対してビンラディンは長年にわたって豊富な資金と勇猛なアラブ義勇兵を提供し、タリバン側は軍事施設をビンラディンに使用させるなど、両者はまさに水魚の交わりを続けていた。

　もちろん、タリバンの中にも穏健派が存在し、ビンラディンとの関係を危惧する見方もないわけではなかった。しかし、二〇〇〇年一二月に米国主導でアフガニスタンに対する国連制裁がさらに強化されたことにより、かえって反米感情が高揚し、ビンラディンと結びついた強硬派がタリバンの主流となってしまった。二〇〇一年三月に有名な仏教遺跡バーミヤンの大仏を爆破した一件も、タリバンが先鋭化しつつある状況を物語るものだ。

　また、タリバン側は「ビンラディンが黒幕だという証拠を出せ」と主張しているが、これは米国にとっても頭の痛い問題だろう。テロリストを訓練し、資金その他の援助を行っているのがビンラディンであることは間違いない。しかし、彼自身がどこまで今回のテロに関与していたかについては、米国もはっきりとつかんでいないのではないだろうか。

　ビンラディンの事件への関与について、これまで米国が関係諸国に提示した証拠は、アル・カーイダ関係者の交信記録、実行犯の遺書など、いずれも状況証拠のレベルにとどまっている。原理主義テロリストは、決してピラミッド型の組織ではなく、いくつものグループがネットワーク状に連絡を取り合っているというのが実情だ。ビンラディンはそのネットワーク中で最大の結節点であり、今回のテロ事件についても情報を事前に入手していたと思料されるが、具体的にどのように関与していたのかについては不明な部分が多い。

　テロ事件に対して怒りの炎を燃やす米国民は、憎むべき『敵』を欲していた。そこでブッシュ政権としては、イスラム原理主義過激派の中で最も有名人であり、今回のテロリストにも何らかの形で支援を与えていたビンラディンを『敵』と名指しすることによって、国論を結集しようとしたというのが実情ではないだろうか。

7 米軍のシナリオ

二〇〇一年一〇月七日（日本時間八日）、米国は、アフガニスタンの首都カブール周辺のタリバン施設や、ビンラディンの本拠と目されている南部カンダハル周辺の訓練キャンプなどに対して、爆撃機や巡航ミサイルによる攻撃を開始した。

もともと貧弱なタリバンの対空部隊は早期に撃破され、現在では米軍機がアフガン上空を自在に飛行して空爆を続けているが、その効果については疑問である。米軍の精密爆撃は、敵司令部、通信施設、鉄道、橋梁、発電所などの戦略目標を破壊するには極めて有効だが、長い戦乱に疲弊したアフガニスタンでは、非常に原始的なレベルにまで国民生活が後退し、中枢と呼べるようなものがほとんど存在しないからだ。

塹壕や洞窟陣地に隠れた歩兵に対しては、空爆ではさほどの損害を与えられるものではない。空爆開始の二週間後には、記者会見を行った米軍担当者自身が、「タリバンはタフな戦士であり、これまでの再三の空爆にもかかわらず、士気に衰えが見えない」と認めざるを得なくなった。

もしも米国がビンラディンの所在を確認できれば、「バンカー・バスター（地下要塞破壊者）」の異名を持つGBU28貫通爆弾による攻撃や、「デルタフォース」「グリーンベレー」等の特殊部隊の投入により、彼を仕留めることができるかもしれない。しかし、ビンラディンが多数の影武者を使いながら転々と移動すれば、米軍としても打つ手がないだろう。

仮に幸運の女神が味方してビンラディンを倒したとしても、それで終わりになるわけではない。ビンラディンのテロ組織は、彼を殉教者に祭り上げて一層過激な行動に出るはずだ。結局、テロ組織をこの地上から根絶しない限り、米国としては戦争目的を達成できないということになる。

米国としては、アフガニスタンに新政権を樹立し、テロ組織をアフガニスタンから「燻り出す」ことを考えているようだが、これは全くの皮算用にすぎない。

アフガニスタンでは、「イスラム協会」「アフガニスタン・イスラム運動」「イスラム統一党」の武装勢力三派が北部同盟を結成してタリバンとの内戦を続けているが、その勢力は非常に脆弱である。しかも、同時多発テロの直前に北部同盟の最大戦力である「イスラム協会」のマスード司令官が、タリバンによるものと思料される爆弾テロで死亡したために、同盟の中核が不在となっている状態だ。

これに加えて、アフガニスタンの内戦は、部族間の対立という側面が強い。タリバンがアフガン人口の約半数を占めるパシュトゥン族主体であるのに対して、「イスラム協会」がタジク族、「アフガニスタン・イスラム運動」がウズベク族、そして「イスラム統一党」がハザラ族をそれぞれ代表している。そのため、北部同盟がタリバンに代わる受け皿としてアフガン全土を掌握することは極めて困難だろう。

現実にも、今回のテロ事件の後、北部の要衝マザリシャリフへの攻勢を開始した北部同盟は、米軍の空爆支援を受けているにもかかわらず、タリバンの反撃を受けて戦線は膠着状態になっている。

パシュトゥン族やタリバン穏健派を組み込んだ広範な連合勢力の結集も検討されているようだが、これも望み薄と言わざるを得ない。穏健派と目されていたムタワキル・タリバン外相に対するパキスタンの働きかけは失敗に終わり、反タリバンの有力指導者であったハク元司令官も、アフガニスタンに潜入して切り崩し工作を行っていたところをタリバン側に捕まって処刑されてしまった。一部には、七三年にクーデターで失脚したザヒル・シャー元国王を担ぎ出す動きもあるが、元国王は八六歳と高齢であり、国元を離れて三〇年近くも経過しているので、期待をかけるのは無理というものだ。

結局、米国が相当規模の地上部隊を派遣してアフガニスタン全土を占領する以外に、ビンラディンのテロ組織、そしてそれを庇護するタリバンを殲滅することは不可能だろう。

8 地上戦に成算なし

タリバンの兵力は約五万人程度で、その武器のほとんどは旧式であるため、三個師団を基幹とする約十万人程度の米軍部隊を派遣すれば、首都カブールなどの主要都市を占領することはさして困難ではない。タリバンの側も、米軍に有利な平地部での戦闘を避け、既に周辺の山岳地帯への退避を開始している。問題は、「その後」である。

首都を米軍に占領されても、タリバンが降伏するとは考えられない。かつてソ連軍を撃退した例に倣って、「自然の要塞」とまで言われるほどのアフガニスタンの険しい地形（国土の四分の三が山岳地帯で、標高は四〇〇〇～七〇〇〇メートルに達する。）を利用して、随所でゲリラ戦が展開されよう。

米軍は多数のタリバン兵を倒すだろうが、アフガニスタンの伝統に則って、米国への復讐のために戦死者の親族がタリバン側に加わるため、タリバンの戦力が枯渇することはない。パキスタンをはじめとする他のイスラム諸国からも、義勇兵が続々と駆けつけるだろう。いきおい長期戦とならざるを得ないが、その場合に米軍のボトルネックとなるのは補給線だ。

湾岸戦争でもベトナム戦争でも、米軍は戦場の近傍に港湾を確保し、本国から船積みされてくる物資をすぐに前線に送り届けることができた。しかし、アフガニスタンは内陸国であり、隣国からの交通路はもともと山越えの悪路である上に、長年の紛争で補修もままならない状態だ。

米軍の一個師団は、戦闘状態では一日に約一万トンの物資を必要とする。三個師団で一日に三万トン、一〇トントラック三〇〇〇台分だ。パキスタンの港湾からカブールまでの陸路は二〇〇〇キロに達し、往復に一〇日間かかるとすれば（道路事情を考えると、これでも相当に楽観的な数字だ。）、三万台のトラックで補給を行わなければならない。そして、輸送トラックのような非装甲目標には、タリバンの旧式武器でも十分にダメージを与えることが可能だ。

空中輸送であればゲリラの攻撃を受けないが、C－5大型輸送機でも、一度に輸送できる貨物はわずか一〇〇トン程度である。米軍の戦略空輸部隊をすべてかき集めても、一個師団分の補給を続けることさえ難しい。

さらに、米軍の占領地域には飢餓状態の難民が一〇〇万人単位で集まってくることが予想される（アフガニスタンの人口は約二五〇〇万人。WFP（世界食糧計画）の推計によると、前年来の干ばつにより既に約三八〇万人の難民が発生）。この難民に対して食料や医薬品を提供しないわけにはいかないから、所要の補給量は、まさに天文学的数字に膨れ上がることになる。

二〇〇〇キロにわたる輸送路の各所で、タリバンのゲリラ部隊が補給隊列にロケット弾を打ち込めば、米軍の輸送事情はすぐに逼迫するだろう。アフガン戦争（七九年〜八九年）では、当時世界最大の陸軍国であったソ連でさえも、補給路の維持に苦しみ、最後は撤退を余儀なくされた。

アフガニスタンでの戦いが泥沼化して、多くの米兵が死体袋に詰め込まれて本国に帰還する事態となれば、ベトナム戦争の時と同様に米国の世論が変化していくはずだ。また、国連関連のNGO事務所や赤十字施設が誤爆されたのをはじめとして、既にアフガニスタン民間人に相当数の犠牲者が発生しているが、このような惨劇がさらに重なれば、マスコミの論調も批判的になるのは避けられない。

パキスタンやサウジアラビアなどのイスラム諸国も、現時点では米国と歩調を合わせているが、アフガニスタンの苦境が報道されるにつれて、国内での反米運動の盛り上がりに苦慮している。特にパキスタンでは、万単位の民衆による反米集会デモが開催され、デモ参加者や警備に当たっていた警察官が多数死傷するとともに、武装集団がキリスト教会を襲撃する事態にまで至っている。政府内部からも、米軍の空爆による民間人の死傷を問題視する声が上がっており、まったく予断を許さない情勢だ。

以上のような状況を勘案すると、米国としては、これ以上の軍事行動、特にアフガン領内への地上部隊の侵攻は絶対に避け、今後は経済・外交政策でじわじわとイスラム原理主義テロリストに対する包囲網を締め上げるのが最善策と考えられる。その中でも最も優先されなければならないのは、アフガニスタンの国際社会への復帰だ。

⑨ アフガン版マーシャル・プラン

アフガニスタンが貧困と戦乱の坩堝（るつぼ）である限り、過激派を生み出す苗床として機能し続ける。また、アフガニスタンが世界の孤児である限り、ビンラディンの提供する資金や麻薬生産（九〇年代後半にアフガニスタンでのケシの生産はミャンマーを抜いて世界一となった。）に依存せざるを得ない。

まずは、かつて米国が第二次大戦後に実施したマーシャル・プランのように、アフガニスタンの経済復興を強力に支援して、国際的な相互依存の枠組みに取り込んでいくことが必要だ。国際社会と共存することの恩恵を多数のアフガニスタン国民が享受するようになれば、原理主義テロリストは自然と排除されていくことになる。

そのためには、アフガン国土の大部分を実効支配するタリバンを敵視すべきではない。経済復興の前提となる安定を早期に確立するためには、タリバンの力を利用せざるを得ないからだ。タリバンがテロリストを庇護していることにあえて目をつぶり、寛大な経済支援を与えて、タリバンの穏健化を促進することを考えるべきだ。

これは、一〇年、二〇年とかかるプロセスとなるだろう。ソ連軍のアフガン侵攻以来二〇年以上かけて蓄積された混迷を解きほぐすのに、それと同じくらいの時間が必要とされるのは当然のことだ。

しかし、議会や世論の強い圧力を受けるブッシュ政権は、そう簡単に兵を退くわけにはいかず、しかも早期に何らかの成果を出さなければならない状況に陥っている。既に民主党のゲッパート院内総務など一部の有力議員は、大規模地上部隊の派遣を米政府に求めており、今後この流れがさらに加速するおそれが強い。

事件発生直後にビンラディンを犯人として名指しすることによりブッシュ政権は米国民から高い支持を得ることに成功したが、それによって抜き差しならない立場に自らを追い込んでしまったとも言えよう。日本では、二〇〇一年一〇月に国会でテロ対策特別措置法が成立し、貢献策について政府レベルで具体的な検討が進められている。しかし、そもそも今回のテロ事件の契機となった米軍のサウジアラビア駐留は、米国の権益拡大のために実施されたものだ（経済制裁と武器禁輸を続けるだけでイラクの復活を封じ込めることは十分に可能）。石油供給ルートの確保という点で日本の利害にも密接にからんでいた湾岸戦争のケースとは明らかに異なる。

同時に、アフガンの地にイスラム原理主義という『怪物』を生み落としたのも、米国の政策ミスである。かつてアフガニスタンに侵攻したソ連軍と戦わせるために、米国は、パキスタンを経由して原理主義勢力に対する軍事・資金援助を長年続けていたが、タリバンもビンラディンも、その延長線上に登場してきたものである。

さらに言えば、イスラム原理主義を台頭させた最大の要因は、米国の偏向した中東政策にほかならない。ユダヤ・ロビーが強い政治力を持つ米国では、中東政策が親イスラエルに偏り続けており、これによって傷つけられたイスラム教徒の矜持が、原理主義という形になって噴出している。ブッシュ大統領は、アフガニスタン攻撃に先立って、「これはイスラム教との戦いではない」と強調しているが、イスラム諸国の民衆の理解がそれとは程遠いことは明らかだ。

米国が国内世論に押されてアフガニスタンで見通しのつかない地上戦に突入した場合に、日本も難民支援などの分野である程度の協力を行うことは必要だろう。しかし、米国に最後までお付き合いするほどの義理はなく、イスラム世界の憎悪の的となる米国と一体視されることは、日本にとって将来的には決して得策ではない。日本としての国益を重視した政策決定を期待したい。

（二〇〇一年一〇月脱稿）

〈追　記〉

アフガニスタン戦については、最終的に米軍の空爆支援を受けた北部同盟が首都カブールを占領し、その後カルザイ大統領のもとに新政権が発足した。米国が犠牲の多い地上戦に兵力を投入することを避けたのは賢明だったが、北部同盟に主導権を与えたのは失敗と言わざるを得ない。既にカディル副大統領が暗殺され、カルザイ大統領に対する暗殺未遂事件も一度ならず発生するなど新政権の基盤は不安定であり、多数派のパシュトゥン族の不満も膨れ上がっている。

米国はアル・カーイダに大打撃を与え、タリバン政権を崩壊させることには成功したが、肝心のビンラディンやタリバン指導者のオマル師は行方不明のままであり、これは彼らのネットワークが依然として残存していることを意味する。テロ組織の根絶という本来の戦争目的からすると、この戦争が不徹底に終わってしまったことは明らかだ。ソ連軍撤退直後の混迷状態に逆戻りしてしまったアフガニスタンは、残念ながら、今後も過激派を生み出す苗床として機能し続けることだろう。

焦点3

ハイジャック対策の現状と展望

1　はじめに

我が国航空機に対する初のハイジャック事件は、昭和四五年の「よど号事件」であり、それ以後は昭和五〇年代前半にかけて毎年のように事件が発生したが、これに伴いハイジャック予防対策の見直しが進められた結果、近年においては、ハイジャック事件の発生は久しく見られなかったところである。

本稿においては、平成七年六月の全日空機ハイジャック事件の発生を契機として、ハイジャックについての過去の経験を総括するとともに、ハイジャック対策の現状と今後の展望について論評することとする。

2　過去のハイジャック事件の概要

日本国に関係するハイジャック事件については、日本国内において過去に一三件（本事件を含む。）が発生し、また、国外においても日本国籍の航空機に対して二件のハイジャック事件が行われているところである（この他に日本国が関与した事件として、平成元年一二月の中華民航機ハイジャック事件が挙げられる。）。しかし、国内で発生した過去の事件は、よど号事件を除きすべて単独犯によるものであり、いずれも発生後まもなく解決しているので、本稿では、よど号事件など三件の重要事件及び今回の事件の概要について以下に説明する。

1　よど号事件（昭和四五年三月三一日発生）

羽田発福岡行き日航機よど号が、日本刀、爆弾、モデルガン等で武装した赤軍派の田宮高麿ら九名にハイジャックされ、同機は福岡空港で給油を行った後に再び離陸し、韓国の金浦空港に着陸した。その後ハイジャック犯との交渉が行われた結果、四月三日、山村運輸政務次官が人質となることを条件として乗客全員が解放され、その後よど号は北朝鮮の平壌空港に着陸した。田宮らハイジャック犯はそのまま北朝鮮に亡命し、山村次官、乗員及び機体は四月五日に日本に帰還した。

2　ドバイ事件（昭和四八年七月二〇日発生）

アムステルダム発東京行き日航機四〇四便が、手榴弾、拳銃で武装した日本赤軍丸岡修と四名のＰＦＬＰ（パレスチナ解放人民戦線）テロリストグループにハイジャックされたが、犯人のうち一名が誤爆して死亡した上、グループの本部との連絡が取れなかったために、ドバイ、ダマスカス等中東各地を彷徨う結果となり、最後にリビアのベンガジ空港で乗客を解放し、機体を爆破した。丸岡ら犯人は、その場でリビア政府に投降した。

3　ダッカ事件（昭和五二年九月二八日発生）

パリ発東京行き日航機四七二便が、手榴弾、拳銃で武装した日本赤軍丸岡修ら五名にハイジャックされ、バングラデシュのダッカ空港に着陸した。同機の乗客・乗員と交換に、日本国で服役中の日本赤軍奥平純三ら六名と現金六〇〇万ドル（当時の貨幣価値で約一六億円）を日航特別機でダッカに移送させた後、アルジェリアのダル・エル・ベイダ空港に移動し、人質全員を解放した上でアルジェリア政府に投降した。

本事件の犯人のうち三名は、昭和五〇年のクアラルンプール事件において、本事件と同様に超実定法的措置により釈放された者であり、テロリストの釈放が新たなテロ事件を生むという「テロの拡大再生産」の危険性を実証することとなった。

【参　考】　クアラルンプール事件

昭和五〇年八月四日、在マレーシアの米国大使館とスウェーデン大使館を日本赤軍の日高敏彦ら五名が襲撃し、これを占拠した。日本国で拘留・服役中の日本赤軍西川純ら五名を日航特別機でクアラルンプールに移送させた後、同機でリビアのトリポリ空港に脱出し、リビア政府に投降した。

4　全日空機ハイジャック事件（平成七年六月二一日）

羽田発函館行きの全日空機八五七便が、栃木県上空付近を飛行中にハイジャックされ、函館空港に着陸した。犯人は、所持していたドライバーをスチュワーデスに突きつけ、さらにサリンやプラスチック爆弾を持っていると偽って脅迫した。翌二二日午前三時四〇分頃、警察部隊が機内に突入し、犯人の会社員（当時五三歳）を航空機の強取等の処罰に関する法律第一条違反容疑で逮捕した。

3　ハイジャック対策の国際的潮流

1　国際的枠組み

ハイジャックは、一九六八年にＰＦＬＰ（パレスチナ解放人民戦線）がイスラエルのエル・アル航空機を乗っ取り、アルジェリアに連行した事件以来、テロリズムの手段として世界的に拡大していった。これに対応する形で、

○「航空機内で行われた犯罪及びその他ある種の行為に関する条約」（東京条約）
○「航空機の不法な奪取の防止に関する条約」（ヘーグ条約）
○「民間航空の安全に対する不法な行為の防止に関する条約」（モントリオール条約）

のハイジャック防止関連三条約が結ばれ、国際民間航空機関（ＩＣＡＯ）を中心に国際的な協力体制が徐々に整備された。

我が国においても、よど号事件の発生を契機として前述の三条約の批准が進められ、また、これに伴う国内法の整備として、

○「航空機内で行われた犯罪及びその他ある種の行為に関する条約第一三条の規定の実施に関する法律」
○「航空機の強取等の処罰に関する法律」
○「航空の危険を生じさせる行為等の処罰に関する法律」

が制定されている。

2 ハイジャックとの対決

ハイジャック事件に対する当初の各国の姿勢は、イスラエルなど一部の諸国を除いて非常にソフトなものであったが、やがて「テロの成功は、新たなテロの発生につながる」との認識が共通化し、また、対処手段のノウハウが蓄積された結果、昭和五〇年代以降においては、「ハイジャック犯人に対して絶対に妥協しない、やむを得ぬ場合には強行突入による人質救出及び犯人制圧も辞さず」という考え方が普及してきた。以下に代表的な三事例について説明する。

(1) エンテベ事件（昭和五一年六月）

エールフランス航空機が、四名（エンテベで更に六名合流）のＰＦＬＰテロリストにハイジャックされ、ウガンダのエンテベ空港に着陸した。犯人は、イスラエル人乗客を人質として、岡本公三らのテロリストの釈放を要求した。イスラエルは、奇襲部隊をエンテベに投入して犯人七名を射殺し、人質を奪回した。この作戦で奇襲部隊指揮官及び人質四名が死亡した。

(2) モガディシオ事件（昭和五二年一〇月）

ルフトハンザ航空機が、四名の西独赤軍及びＰＦＬＰテロリストにハイジャックされ、ソマリアのモガディシオに着陸し、さらに機長が殺害された。ドイツのＧＳＧ９（国境警備隊第九グループ）が突入して犯人三人を射殺し、事件を解決した。本事件の一か月前、前述のダッカ事件において、日本政府が日本赤軍の要求を入れて、身代金の支払いと受刑者の釈放をしていたことから、改めて日本政府の対応が問われる結果となった。

(3) マルセイユ事件（平成六年一二月）

エールフランス航空機が、四名のイスラム過激派にハイジャックされ、人質三名が射殺された後、フランスのマルセイユに着陸した。フランスのＧＩＧＮ（国家憲兵隊介入部隊）が突入し、犯人を全員射殺した。

実際には、すべての突入事件が成功しているわけではなく、昭和六〇年のエジプト航空機ハイジャック事件及び翌六一年のパンナム機ハイジャック事件においては、数十名の人質が死亡する惨事となっている。このような結果となった原因としては、突入部隊の練度が不足していたために、犯人を早期に制圧することができず、機内で銃撃戦が展開されたためと考えられる。

平成七年の全日空機ハイジャック事件は、我が国における初の本格的な突入事例であったが、本事件における負傷者は、乗客一名が肩に軽傷を負ったほか、体調不良の乗客数名が発生したにとどまり、大成功と評価できる。あのような単独犯の逮捕に時間がかかりすぎるとの的はずれな議論もあるが、当時はオウム真理教団によるサリン事件の渦中であり、犯人が果たしてサリンや爆発物を所持しているのかどうか、また、犯人は単独犯であるかどうかを確かめるため、機内状況の把握や乗客名簿のチェックに時間がかかったものと考えられる。

ただ一点気になるのは、犯人が突入隊員に追われて機内を逃げ回ったとの報道である。前述の失敗事例でも明らかなように、犯人の早期制圧こそ突入成功の鍵であるところ、もし報道のような事実があったとすれば、懸念材料となる。

本事件の犯人は、実際には凶器らしい凶器は所持していなかったが、もしその言動のとおりサリンや爆発物を所持していたならば、大惨事につながった可能性も否定できない。しかし、おそらく本事件においては、乗客名簿のチェック等により、犯人がサリン等を所持していないことが予め判明していたため、発砲するまでの必要がないと判断したものであろう。

4　ハイジャック対策の現状と課題

1　ハイジャック対策の現状

ハイジャックに対する世界各国の協力体制が整備されるとともに、空港におけるハイジャック事件防止体制も相当に発達を続けてきた。現時点において防止対策の中心となるのは、凶器の機内持込みを阻止するための各種検査であり、通常は、乗客の所持品に対して金属探知機を、持込手荷物に対してX線検査装置をそれぞれ活用している。

これらの機器については、技術開発によってかなり信頼性が向上しているところであるが、まずX線検査装置には、機器それ自体には識別能力がなく、あくまで検査に当たる警備員に凶器か否かの判断を委ねているため、警備員の熟練度によって検査レベルに差が生じるという問題がある。

現在、対象の形状や材質などから自動的に凶器を識別する機器の開発が進められているようであるが、人間の判断力に匹敵するほどのパターン認識力を有する機器の開発は相当に困難であると思われ、当分の間は、警備員の判断力に依存せざるを得ないであろう。この点で、財団法人空港保安事業センターで実施している講習などの警備員に対する各種の教養は引き続き重要な役割を占めると思われる。

次に金属探知機についてであるが、現在の金属探知機は感度を調整できるため、探知機の感度を上げれば簡単にチェックを強化できるが、その一方で、感度を上げ過ぎればコイン類にまで反応してしまうこととなり、手荷物検査の所で大渋滞が発生する危険がある（筆者は、パリのオルリー空港において、ガムの銀紙に金属探知機が反応して非常に困惑した経験がある。）。手荷物検査体制そのものを増強すればこの問題は解消できるが、検査業務を負担している航空会社の経営は最近非常に悪化しており、また、顧客サービス上も問題があるため、現実には主要な警備事案の際に感度を上げ、それ以外の時には感度を鈍くするというこれまでの運用を踏襲せざるを得ないと思われる。

しかし、本事件において機内に持ち込まれた約二〇センチメートルのドライバーは、通常の検査体制であれば、十分に検知可能な大きさと考えられ、本件においては、空港におけるチェックに何らかの問題があったのではないかとの疑念を禁じ得ない。警備員の側で、業務が多忙なあまり探知機の感度を下げていたり、あるいは惰性に流れたチェックをしていれば、検査体制も全くその意味をなさないのである。新規検査機材の開発・導入、あるいは検査体制の増強といったハード面の強化もさることながら、警備員に対する教養や空港管理者の意識改革のようなソフト面の強化が見落とされてはならないのであり、本事件を契機として、空港保安委員会などの場において、警戒や検査がマンネリに陥っていないかどうか改めてチェックしていく必要があろう。

なお、報道によると、運輸省は、新規のハイジャック対策として、空港の保安検査場にビデオカメラを導入するとの方針である。これは、ハイジャックの未然防止には直接つながらないが、事件発生後にこのビデオを利用して、犯人の面割り、共犯者の有無及び持ち込まれた凶器の推定を容易にするものであり、比較的低コストのハイジャック対策として評価できる。

2　今後の課題

今後のハイジャック対策において最大の課題と考えられるのは、爆発物及び毒物の検知の問題である。銃器や刃物のような凶器については、材質がかなり限定され、比較的形状が大きく、分解にも限度があることから検知が容易であるが、爆発物や毒物にはこのような制約が無いため、その検知も非常に困難である。

爆発物の中でもプラスチック爆弾については、過去にこれを利用して航空機を爆破する事案が発生していることから探知機の開発が進められているようである。現時点では、探知機の精度が粗いこと、探知速度が遅いこと、探知機の価格が非常に高価なことなどの問題があるため、いまだに実用的ではないが、今後の技術開発には十分に期待できるところである。しかし、残念ながらプラスチック爆弾のほかにも爆発物には様々の種類があり、これらを網羅することは非常に困難であろう。したがって、爆発物それ自体よりも爆発物の付属品として使用される電気コードや電池、雷管といった金属物に着目した検知方法の方がむしろ実際的であるかも知れない（筆者は、パキスタンのイスラマバード空港において、カメラの中の電池を「爆発装置に利用されるおそれがある」として一時預かりされた経験がある。）。

次にサリンに代表される毒物の検知についてであるが、筆者は、実際には使用されなかったものの、毒物がハイジャックにおいて有効な武器となり得ることを証明した点で、今回の事件は一つのエポック・メイキングとなったのではないかと深く懸念しているところである。その理由としては、以下のような点が挙げられる。

○　様々な化学構造の毒物（爆発物よりもはるかに多岐にわたる。）が存在するため、これらを網羅して感知するような検知器の開発は不可能

○　たとえ探知の対象を有機リン系の毒物（サリンはその一種である。）に限定したとしても、我々の身の回りには、これと類似の成分を持つ有機化合物を含む物品が溢れるばかりであり、このような物品と毒物との区別ができるような検知器の開発は非常に困難

○　航空機などの狭い空間においては毒物、特にガス状の毒物は恐るべき効果を発揮

○　サリン、ＶＸなどの一部の毒物を除くと、銃器や爆弾などよりもむしろ入手が容易

○　爆発物を使用する場合には、雷管、電線、電池等の付属装備や配線技術が必要であるが、毒物の使用は極めて簡単

最も単純な例としては、学校の理科室から盗み出した青酸ナトリウムと注射器（注射器の針は金属製であるが探知は実質的に不可能）を機内に持ち込み、機内のトイレで青酸ナトリウムを水に溶かしてこの注射器に詰めれば、ナイフよりも致死性の高い凶器ができ上がるのである。このような毒物使用ハイジャックに対して、今後より一層の研究が必要と思われる。

5 総　括

これまで述べてきたように、ハイジャック防止対策には限界があり、機内への凶器類の持込みを完全に阻止することは将来的にも不可能であろう。したがって、ハイジャックに対する最も根本的な対策は、ハイジャック事件が発生するたびに、ハイジャックによる脅迫には絶対に屈しない、たとえ犠牲者が出ようとも必ず犯人を逮捕するという国家の強い決意を見せつけることしかない。これは実際に事件処理に当たる者にとっては、きわめて心痛むことであろうが、クアラルンプール事件及びダッカ事件を通じて、身をもって「テロの成功は、新たなテロの発生につながる」という教訓を学んだ日本は、是非とも毅然とした態度をとらなければならない。

平成七年一一月二五日、前述のモガディシオ事件の犯人の一人で、ノルウェーに潜伏していたスヘイラ・サエフ容疑者が、事件発生から実に一八年ぶりに、ドイツ当局に身柄を引き渡された。同容疑者はパレスチナ人で、当時ＰＦＬＰに所属し、他のメンバーと共に同機を乗っ取ったものであるが、ドイツのテロ対策部隊が突入した際に生き残り、その後ノルウェーに移住して偽名で暮らしていたところ、ドイツ当局の要求に基づいて逮捕されたものである。

このモガディシオ事件は、その前月に発生したダッカ事件において犯人の釈放要求に屈した日本政府の対応と比べて、ドイツ政府のテロに対する強い対決姿勢を示したものとして、当時大きな関心を呼んだものであるが、この引渡しにおいても、ハイジャック犯人を地の果てまでも追及するというドイツ政府の強い姿勢を改めて示したと言えよう。

（一九九五年一二月脱稿）

〈追　記〉

この論文の発表後、国内で発生したハイジャック事案は次の三件である。

① 九七年一月、伊丹発福岡行きＡＮＡ二一七便（ボーイング７７７機、乗客・乗員計一九二人）が山口県上空を飛行中に、無職男性（31）が文化包丁（刃渡り一四・七センチ）を客室乗務員に突きつけて操縦室内に侵入し、「アメリカに行け」と要求した。機長が「この飛行機では国外に行けないので乗り換える必要がある」と説明してそのまま福岡空港に着陸したところ、犯人は一般乗客に交じって降機し、警戒中の福岡県警警察官に逮捕された。この事件で乗員・乗客に負傷者はなかった。

② 九九年一月、宮崎発伊丹行きＪＡＳ六八八便（ＭＤ81型機、乗客・乗員計一〇二人）が愛媛県上空を飛行中に、少年（18）が果物ナイフ（刃渡り九・五センチ）を客室乗務員に突きつけたところ、同機に私用で搭乗していた三重県警警察官に逮捕された。この事件で乗員・乗客に負傷者はなかった。

③ 九九年七月、羽田発札幌行き全日空六一便（ボーイング７４７機、乗客・乗員計五一七人）が離陸した直後に、無職男性（29）が文化包丁（刃渡り一九センチ）を客室乗務員に突きつけて操

縦室内に侵入した。犯人は副操縦士を操縦室から追い出して機長と二人きりになると、機長を刺殺して自ら操縦桿を握り、東京西部の住宅密集地上空で機体を急降下させたが、地上三〇〇メートルまで高度を下げたところで、副操縦士らが操縦室に突入して犯人を取り押さえた。国内のハイジャック事件で乗員・乗客に死亡者が発生したのはこれが初めてのケースであり、また、犯人がそのまま操縦を続けていれば、機体が墜落して大惨事となった可能性が高い。

①、②のケースは、搭乗ゲートにおける手荷物検査の際に、金属探知機の感度が規定よりも下げられていたか、あるいは検査に当たる警備員の不注意によって、刃物の持ち込みが見過ごされたものと考えられる。最後の③のケースでは、航空マニアであった犯人は、羽田空港ターミナルビルを研究中に、一階の到着手荷物受取場と二階の出発ロビーを結ぶ階段に警備員が配置されていないことを発見し、別の空港で凶器を入れた荷物をコンテナ積みにして託送し、羽田到着の際にその荷物を受け取って凶器を入手した上で、出発ロビーに行って羽田発の便に乗れば、簡単に機内に凶器を持ち込めるという構造上の盲点を発見し、事前に空港事務所に警告文を送っていた。この問題については、航空会社の乗員組合などが加盟する「航空安全推進連絡会議」も、八年前から運輸当局に申し入れていた。それにもかかわらず、問題の階段部分に警備員を配置するのに年間一億円を超す費用がかかるという理由で航空会社が二の足を踏み、そのまま問題が放置されていたものである。

危機管理においては、機械設備などのハード面の対策だけでなく、それを運用するソフト面、すなわち人間の側の問題についても特段の注意を払う必要があることを、これらの三事件は如実に示している。

焦点４

●チェチェン紛争と劇場占拠事件

1 はじめに

かつてのテロの主流は冷戦構造を軸にしたイデオロギー対立に基づくもので、政治的であるゆえに当局がテロリストと交渉して妥協点を探ることが不可能ではなく、テロリスト側にも革命達成のためにできる限り生き延びようという発想が存在した。しかし最近では、九・一一同時テロ事件のように、宗教問題や民族問題が複雑に絡み合っているために交渉による平和的解決が困難なタイプのテロ事件が増加し、テロリスト側も生命を惜しまずに自爆攻撃を敢行するケースが目立っている。本稿では、このような「非妥協型」のテロ事案への今後の対応を模索する材料として、二〇〇二年にモスクワで発生した劇場占拠事件について解説することとする。

2 事件の概要

二〇〇二年一〇月二三日午後九時ごろ、人気ミュージカル「ノルド・オスト」を上演中のモスクワ南部の劇場センタービルをチェチェン独立派の武装集団が占拠した。八〇〇人以上の観客や劇場関係者を人質とした武装集団は、ロシア軍が一週間以内にチェチェン共和国から撤退することを求め、この要求を受け入れなければ人質もろとも劇場を爆破すると脅迫した。武装集団四一人（人数については諸説あり）は、自動小銃や拳銃など五二丁の銃器と一〇五個の手榴弾を装備するとともに、自爆用として爆弾二五個（ＴＮＴ火薬一二〇キロ相当）を劇場内に持ち込んでいた。テロリストの中にはチェチェン紛争でロシア軍に夫を殺された未亡人など一八人の女性も含まれ、彼女たちは身体に自爆用の爆弾を巻きつけていた。

この重大テロ事件に対して、ロシア政府は旧ＫＧＢの流れをくむＦＳＢ（連邦保安局）副長官を作戦指揮官に任命し、ＦＳＢの誇るテロ対策部隊「アルファ」を投入した。アルファは、事件当夜のうちに劇場センタービルに侵入してビル内部の様子を確認するとともに、特殊ガスの容器をひそかに運び入れて待機した。一方、劇場内の武装集団は、イスラム教徒と子供、外国人など百数十名を解放したが、残りの人質を劇場ホールの観客席に集めて監視を続けた。これに対して、プリマコフ元首相などの著名人や赤十字国際委員会が武装集団の説得を試み、また、テレビ局のクルーが劇場内部に入って武装集団にインタビューするなどの動きがあった。

二六日午前五時半ごろ、ビルの換気システムを利用して劇場ホール内に特殊ガスが注入された。その一時間後にアルファ部隊が内部に突入し、特殊ガスによって抵抗不能状態に陥っていたテロリスト全員を射殺し、発生から約五八時間で事件は解決した。この事件で人質一二九人（うち八人は外国人）が死亡したが、そのうち武装集団に射殺された者は五人にとどまり、ほとんどは突入の際に使用された特殊ガスが原因で生命を失ったと推定されている。なお、ロシア政府は「人質の処刑が開始されたのでやむを得ず突入した」と当初発表したが、生還した人質の証言ではそのような事実はなく、治安当局の計算したタイミングにより本作戦が実施されたことが明らかとなった。

事件後、ロシア政府はチェチェンで大規模な掃討作戦を開始するとともに、緊急事態に備えた体制の整備に着手した。一方、チェチェン独立派の軍事部門指導者であるバサエフ司令官は、インターネット上に劇場占拠事件の犯行声明を出し、今後もロシアに対して最大限の被害を与えると新たなテロを示唆している。劇場占拠事件の二か月後には、チェチェンの首都グロズヌイで親露派の施設に対する自爆テロ事件が発生して二〇〇人以上の死傷者が出るなど、チェチェン情勢はまったく予断を許さない状況となっている。

3 チェチェン紛争の経緯

黒海とカスピ海に挟まれたカフカス地方に属するチェチェンは、面積一万四六〇〇平方キロメートルと四国地方とほぼ同じ広さであり、北部は平原地帯、南部は五〇〇〇メートル級の険しい山々が連なるカフカス山脈となっている。一八世紀後半に帝政ロシアがこの地に侵略してきた際に、独立不羈（ふき）の気風に富むチェチェン人は激しく抵抗し、約一世紀にわたって「カフカス戦争」を繰り広げたが、最終的には併合されてしまった。それでもチェチェン民族の執拗な抵抗は続き、ソビエト体制下になっても中央政府の農業集団化政策や反宗教政策に反対するなど、モスクワの神経を逆なでするような動きを見せていた。

そのため、第二次大戦末期の四四年に、スターリンは「チェチェンはドイツと通謀して祖国を裏切った」という嫌疑をかけて、チェチェン民族約三〇万人をカザフスタンに強制移住させた。故郷を奪われ、また、追放の過程で数々の迫害に直面したチェチェン人の間には、反ロシア感情が更に深く刻みつけられることとなった。チェチェン民族の故郷への帰還がようやく認められたのは、スターリン批判が行われたフルシチョフ体制下の五七年のことであり、ロシア共和国内の一六自治共和国の一つとして、チェチェン・イングーシ自治共和国が成立した。

九一年一〇月、モスクワでのクーデター発生による混乱を利用して、チェチェンではドダエフ元ソ連空軍将軍に率いられた武装組織が政府機関を制圧した。その直後に強行された選挙で大統領に選出されたドダエフは、チェチェン・イングーシ自治共和国のロシアからの独立を一方的に宣言したが、ソ連崩壊による急激な政情変化の最中でモスクワにはチェチェンのことを省みるゆとりはなかった。なお、九二年にチェチェンとイングーシは分離し、イングーシはロシアへの残留を決めている。

モスクワの視線が再びチェチェンに向けられたのは、エリツィン体制がようやく軌道に乗った九四年のことだ。チェチェンの存在は、他地域での分離独立の動きを加速して大国ロシアの崩壊につながりかねない（ソ連崩壊後に独立できたのは、旧ソ連内部でロシア共和国と同格とされていた一五共和国のみ）だけでなく、チェチェンを拠点に麻薬売買や密輸、更に通貨偽造などでマフィアが暗躍し、深刻な治安問題を引き起こしていたためだ。ロシア側のもう一つの懸念は石油利権だった。チェチェン東方に位置するカスピ海沖油田は世界有数の産油量を誇っているが、その原油を輸送するパイプラインはチェチェンを経由し、そのパイプラインの利用料としてロシアは年間数億ドルの外貨を獲得していたのである。

九四年八月にチェチェンではドダエフ派と反ドダエフ派の内戦が発生し、これを好機ととらえたエリツィン政権は、一二月にロシア軍をチェチェンに侵攻させた。大量の戦車・装甲車を投入して短期の事態解決をもくろんでいたロシア政府だったが、チェチェン側では反ロシア感情からドダエフ派と反ドダエフ派が結束して激しく抵抗した。ロシア軍は翌年一月に首都グロズヌイを陥落させるが、その後も山岳地帯に拠点を移した独立派ゲリラの襲撃が頻発し、事態は泥沼化して「第二のアフガニスタン」の様相を呈した。九六年四月にドダエフ大統領が戦死したことでようやく和平の動きが進展し、同八月、レベジ安全保障会議書記とチェチェン独立派のマスハドフ参謀長との間で合意が成立し、独立問題については先送りの形で停戦した。翌九七年二月に実施された選挙では、マスハドフがチェチェン共和国の新大統領に選出されている。

4　再度の侵攻

その後、マスハドフ大統領はロシアとの対話を打ち切ると、石油利権を餌にイギリスの投資家グループに接近し、九八年初頭にはロシアとのパイプライン協定を破棄する可能性を言及するようになった。さらに、ロシアに残留していたダゲスタン共和国の原理主義者をチェチェン側が煽動したため、同国内でロシアからの分離独立を求める動きが急速に広がり、ダゲスタンに駐屯するロシア軍部隊が襲撃される事件が続発した。ロシアの所有するカスピ海沿岸線の三分の二がダゲスタン領であることから、ダゲスタンが「チェチェン化」して分離すれば、ロシアはカスピ海油田の所有権を失うとともに、両国を通過するパイプライン利権までも手放すことになる。ロシア政府としては、この状況を決して看過するわけにはいかなかった。

九九年八月、バサエフ司令官を中心とするチェチェン武装勢力がダゲスタンに侵入してイスラム国家の樹立を宣言した。ちょうどそのころ、モスクワなどで爆弾テロが連続発生し、約三〇〇人が死亡する惨事となっていた。これをチェチェン独立派の犯行と断定したロシア政府は、九月にチェチェンに再度侵攻し、翌二〇〇〇年二月にはチェチェンの首都グロズヌイを再び陥落させた。この時に強硬姿勢を打ち出して国民の支持を集めたのがプーチン首相（当時）であり、その余勢を駆って同年三月の選挙で大統領に当選した。しかし、その後もチェチェンに駐屯するロシア軍や治安部隊に対するゲリラが頻発し、劇場占拠事件の二か月前には、グロズヌイ近郊でロシア軍のヘリコプターが撃墜され、兵士約一二〇人が死亡する事件が発生している。

この二度にわたる紛争がチェチェン住民に与えた被害は甚大であり、首都グロズヌイは度重なる砲撃と爆撃で廃墟と化した。チェチェンを占領したロシア軍は、独立派ゲリラに対する掃討作戦を進める過程でチェチェン民族に対して過酷な弾圧を加え、人権団体の推定によると、紛争発生以来の死者・行方不明者は六～八万人に達する見込みだ。その結果、紛争発生前には約一〇〇万人だったチェチェン共和国の人口が、二〇〇〇年には七七万人にまで減少し、約二〇万人もの住民が隣国のイングーシ共和国やモスクワなどの都市部に流出したと言われている。

5 チェチェン独立派によるテロ

長年にわたる軍事衝突の中で、チェチェン独立派によるテロ事件が頻発した。九五年六月には、バサエフ司令官率いる独立派武装集団が、チェチェン国境に程近いロシア南部スタブロポリ地方のブジョンノフスク市で病院を占拠し、患者・職員など約二〇〇〇人を人質にとった。テロ対策部隊アルファに率いられたロシア軍や内務省部隊が突入を強行したが失敗し、「人間の盾」に使われた市民百数十人が命を落とした。そのため、武装集団とロシア政府との間で停戦がなされ、武装集団は人質の一部とともに車両でチェチェン領内に帰還した。

翌九六年一月には、ドゥダエフ大統領の娘婿のラドエフ司令官率いる武装集団が、チェチェンに隣接するダゲスタン共和国キズリャルで病院を占拠し、約三〇〇〇人を人質にした。前年と同様に武装集団側はロシア軍と停戦してチェチェン領内に帰還しようとしたが、ロシア軍は途中の橋梁を破壊して武装集団をペルボマイスコエ村に足止めすると、爆撃機や攻撃ヘリコプター、更に多連装ロケット砲を繰り出して無差別攻撃をかけた。この作戦でロシア軍は百数十人のテロリストを倒したが、一〇〇人を超える人質や村人が犠牲になったと見られる。また、これと同時期に黒海のトルコ沖で乗客・乗員約二百数十人（その大半はロシア人）の乗船したフェリーがチェチェン独立派テロリストにシージャックされた。この事件では、最終的に犯人九人がトルコ当局に投降している。

二〇〇一年三月には、イスタンブール発モスクワ行きのロシア旅客機がチェチェン共和国元内相など四人のテロリストにハイジャックされ、サウジアラビアのメディナに着陸した。最終的にサウジアラビアの特殊部隊が機内に突入し、犯人一人を射殺、残りを逮捕したが、その際に人質二人が死亡している。同年八月には、二人のチェチェン独立派テロリストがスタブロポリで路線バスを乗っ取り、三五人の乗客を人質として服役中の同胞五人の釈放を要求したが、特殊部隊アルファが突入して一人を射殺、もう一人を逮捕した。

以上のほかにも、チェチェン独立派によるテロ事件はまさに枚挙の暇がないほどに頻発している。また、チェチェン独立派の有力司令官であるバサエフとハッタブがイスラム過激派指導者のビン・ラディンから資金や武器の提供を受けていたとの情報がある。

⑥ 絶望的状況下での作戦

それでは、今回の劇場占拠事件におけるロシア側の作戦を論じていくこととしよう。武装集団の指揮官だったモフサル・バラエフは、まだ二〇歳代でありながら、九〇年代半ばから誘拐事件を幾度も敢行し、その残虐な手口で知られていた。チェチェン独立派は、九・一一テロ事件以来、米国と結んだロシア政府の厳しい圧迫に直面していたため、チェチェン問題に再び西側諸国の関心を集めることを狙いとして今回の事件を引き起こしたと推察される。

劇場占拠後にマスコミのインタビューを受けたモフサル・バラエフは、「モスクワには死ぬために来た」と発言しているが、これは決して虚喝ではあるまい。ロシアがおびただしい犠牲を払って占領したチェチェンをむざむざと独立派に引き渡すわけがなく、おそらく十中八九は自爆することになると計算していたはずだ。その覚悟は、自爆用に爆薬を身体に巻きつけた女性テロリストの存在からも察することができる。もしも長期にわたって粘り強く交渉するつもりであれば、戦闘訓練を受けておらず、体力も劣る女性テロリストを参加させるとは考えにくい。プーチン政権のお膝元で大事件を引き起こし、世界中の報道機関にチェチェンの大義をアピールした上で、最期は憎きロシア人多数を道連れにするという自爆攻撃だったのだろう。

ロシア治安当局の側から見れば、状況は絶望的だった。これまで数々の人質立てこもり事件で行われた突入作戦はまず通用しないと見てよい。自爆要員の女性テロリストを除いても、まだ二〇人以上の重武装したテロリストが劇場内で待ち構えており、いかに精強の特殊部隊でもなかなかせん滅できるものではない。特殊部隊が人質のいる観客席までようやく血路を開いたとしても、そこで爆薬に点火されればジ・エンドだ。大型爆弾の炸裂で劇場が倒壊し、人質は全滅、突入部隊にも甚大な被害が発生したはずだ。この窮地の中でロシア当局の用いた奇策が特殊ガスの使用である。

ただし、今回の特殊ガス作戦は決して付け焼刃ではない。おそらくロシア側は、前述した九五年の病院占拠事件で強行突入に失敗して多数の人質が犠牲となったことを受けて、新たな対抗手段として特殊ガスの研究をひそかに進めていたものと推定される。どのような薬剤の組み合わせが最も効果的か、薬剤が室内に拡散するのにどの程度の時間がかかるか、薬剤をエアロゾル化する際に粒子の大きさはどの程度が適当か等々、相当な研究を要したことだろう。机上の計算だけではなく、実際に様々な建物に薬剤を噴霧するなど実験を繰り返してデータを蓄積していたはずだ。

7 特殊ガスの正体

事件解決後にＦＳＢは、今回使用された特殊ガスの名称が「コロコル（「釣り鐘」の意味）」で、空間の上方から下方に円を描くように釣り鐘状に拡散する特性があると説明したが、その成分については当初明らかにしなかった。その後、人質の症状などから麻酔薬フェンタニルが使用された可能性が高いとの報道が相次いだことを受けて、ロシア保健省は特殊ガスの主成分がフェンタニルであると追認したが、ガスの全容についての説明は引き続き拒否している。

このフェンタニルは麻薬性の鎮痛薬であり、全身麻酔などの用途に使用され、鎮痛作用はモルヒネの一〇〇倍と言われている。医療現場ではフェンタニルを液体に溶かして静脈注射するが、今回のケースでは、噴霧器でエアロゾルにして使用したと推定される。犠牲者の多くは特殊ガスの副作用による呼吸停止や嘔吐による気道閉塞などで死亡したとみられるが、フェンタニルの副作用も呼吸抑制や嘔吐であり、特殊ガスの症状と符合する。それ以外の成分は、吸入型の麻酔薬であるハロタンやハロゲン化エーテルと推定され、これらもフェンタニルと同様に呼吸抑制の副作用を有する薬物である。このような医療用の麻酔薬として広範に使用されている薬物を混合したものが、今回の特殊ガスの正体と考えてよいだろう。

一部には、化学兵器の一種であるＢＺガス（無能力化剤）が使用されたとの報道も見られるが、ＢＺガスに即効性はなく、人体に作用するまでに三〇分ほどの時間を要することから、今回の特殊ガスとの関係は薄いと考えられる。また、報道映像を見る限りでは、特殊ガスの注入後に現場に突入した特殊部隊員は通常装備であって、化学兵器用の特殊防護服を着用していないことから考えても、何らかの化学兵器が使用された可能性は低い。

人質に一〇〇人を超える特殊ガスの犠牲者が発生したことに対し、ロシア政府の救護体制が不十分だったと非難されているが、これは作戦の秘匿が原因である。今回の事件では、ロシアの一部報道機関が特殊部隊の動きを生中継したり、劇場内で武装集団にインタビューして、その要求を全国に発信したりするなど治安当局に非協力的な姿勢を見せていた。そのため、事前に特殊ガスに備えた救護体制を整えると、報道を通じてテロリスト側に作戦を察知されると治安当局が危惧したのも無理はない。しかし、特殊ガスの吸引者に対する治療方法のガイドラインをあらかじめ用意しておいて、ガス注入と同時に救護関係者に配布すれば、相当に犠牲者数を減らすことが可能だったはずであり、やはりロシア政府の対応には問題があったと言わざるを得ない。

なお、このマスコミ報道の行き過ぎを受けて、事件後にロシア上下両院が報道規制法案をスピード可決した。新聞放送省も「テロリストへのインタビューはしない」「特殊部隊の秘密情報を入手しようとしない」「政府とテロリストの仲介をしない」などを内容とする勧告をマスコミに対して行うなど、ロシア政府によるメディア抑圧の動きが進んでいる。

人質立てこもり事件の際に催眠ガスが実際に使用されたのは、筆者の承知する限りではこれが初めてのケースである。これは、今回の一件が如実に示しているように、催眠ガスが人質に与える被害を治安当局側が懸念していたためだ。もしも今回の事件でロシア側が万端の医療準備を整えていたとしても、何人かの死亡者は間違いなく発生しただろう。広い劇場内のテロリスト全員を行動不能にするためには高濃度の麻酔ガスを大量に注入せざるを得ないが、そうなれば体質や身体疾患などで変調を来す者が出ることは避けられないからだ。それでも、通常の突入作戦を行っていれば、前述したように犠牲者の数がはるかに甚大だったことを考えると、特殊ガスの使用が間違いであったとは言えまい。

8 作戦を成功に導いた要因

特殊ガスが使用されても、劇場の広い空間にガスが充満するまでには相当の時間が必要である。人質の証言でも意識を失うまでに数十秒から数分を要したとされ、自爆用に爆弾を抱えていた女性テロリストには、起爆装置を作動させるのに十分な時間的余裕があったはずだ。それなのにどうして爆破できなかったのだろうか。

第一の理由として考えられるのは、起爆装置が一時的に解除されていたことだ。爆弾を身につけていた女性テロリストは武器の取扱いには素人であるため、何らかのミスで暴発させてしまうおそれがあった。そこで、彼女たちの所持していた起爆装置は、電池や信管を抜き取られていた可能性が高い。これまでの強行突入のパターンであれば、周囲に配置された警戒員が特殊部隊と銃撃戦を行っている間に起爆可能な状態に戻せばよかった。しかし、今回の事件では、まったく予想外のガス注入によって、テロリスト側が起爆装置を慌てて組み立てている間に失神してしまったというわけだ。

第二の理由は、指揮官の不在である。特殊ガスが注入された時点では、モフサル・バラエフ司令官は観客ホールの外にいたと推定されている。特殊部隊の強行突入の際にどうするかという打ち合わせは綿密になされていたはずだが、特殊ガスの注入という予想外の事態に対して、女性テロリストたちが当惑したことは間違いない。指揮官の命令を待たずに起爆すべきかどうか躊躇しているうちに意識を失ってしまったとも考えられる。本事件では、人質の中に治安当局の職員が含まれていて、ひそかに携帯電話で劇場内の模様を通報していたと伝えられており、モフサル・バラエフが観客ホールの外に出たタイミングを見計らってガスを注入したのではないだろうか。

第三の理由は、武装集団側の弛緩である。自爆という行為を実行に移すためには相当な精神の昂揚が必要と考えられるが、人質の証言によると、突入直前の段階で武装集団側の緊張が急に緩んだ状況が認められる。迷彩服を脱いで平服に着替えたテロリストもいたということだが、これは人質との区別をつきにくくして狙撃を避けるためであり、武装集団は人質と共に劇場外に出た時のことを考えていたと推察される。おそらくロシア治安当局は、武装集団を人質とともにチェチェンに帰還させると騙して、作戦の成功率を上げようとしたのだろう。ロシア政府には、九六年のダゲスタンでの病院占拠事件で、同じように策謀を巡らして独立派武装集団をせん滅した前例もある。

詐術を使うのは決して望ましいことではないが、相手が法を犯して無辜の人々の生命を脅かしているテロリストである以上、治安当局側が信義則を貫く必要はない。もちろん、詐術を用いた「前歴」があると治安当局に対する不信感が高まり、その後の同種事件での交渉作業が困難になるので、むやみに詐術を弄するのを避けることは当然だ。それでも、ここ一番というケースで、人質の犠牲をできる限り少なくするために、詐術を用いてテロリストの油断を誘う戦術は極めて有用であることを認めてよいだろう。

（二〇〇二年一一月脱稿）

第2章

北朝鮮問題の展望

焦点5

北朝鮮工作船撃沈事件と今後の展望

1 はじめに

二〇〇一年一二月二二日、東シナ海において海上保安庁の巡視船と北朝鮮工作船（及び腰の日本マスコミは「不審船」という呼び方をしているが、筆者は無用な言葉の遊びをするつもりはない。）との間に銃撃戦が展開され、工作船が沈没した。この事件で世間の耳目を集めることとなったが、北朝鮮工作船の跳梁は今に始まったことではなく、近年報道発表されただけでも以下のような事件が発生している。本稿では、今回の事件を受けて今後の工作船対策と北朝鮮問題を展望することとする。

○ 八五年四月、宮崎県日向沖で工作船が発見され、巡視船の追跡を受けるが高速で脱出（日向沖工作船事件）

○ 九〇年一〇月、福井県美浜町の海岸に工作船の上陸用舟艇とみられる船舶が漂着し、更に同船に搭乗していたと思われる工作員の水死体二体と暗号表をはじめとする諜報用資材、水中スクーター等を発見。不法入国を図ろうとした工作員が悪天候のため難破したものと推定（美浜事件）

○ 九九年三月、能登半島沖で二隻の工作船による領海侵犯事件が発生し、海上警備行動の発令を受けた

海上自衛隊が警告射撃を実施したが、工作船は追跡を振り切って北朝鮮に帰投（能登半島沖工作船事件）

○　二〇〇一年三月、富山県黒部川河口付近で、半分砂に埋まった状態の水中スクーターを発見。以前に美浜事件で押収された水中スクーターと酷似していることから、工作船から不法上陸した北朝鮮工作員が遺留したものと推定（黒部事件）

2　間一髪だった巡視船

一二月二一日午後四時ごろ、奄美大島の北北西一五〇キロの海上で、海上自衛隊のＰ３Ｃ哨戒機が全長約三〇メートル、排水量約一〇〇トンの漁船を偽装した北朝鮮工作船を発見した。急行した海上保安庁の巡視船が工作船の姿を確認したのは、翌二二日午後一時過ぎのことである。その後、巡視船が信号旗や無線を使って警告を繰り返したが、工作船は一向に停止しようとせず、巡視船に体当たりするなどの動きを見せたことから、午後二時一五分に海上保安庁長官が工作船の船体に向けて威嚇射撃を実施することを命じた。

巡視船の射撃を受けて工作船には火災が発生したが、乗員が海水で消火してなおも航行を続けた。午後一〇時、海上保安庁は工作船に曳航用のロープを結び付けるために強行接舷する作戦に出た。巡視船「あまみ」が右側から、「きりしま」が左側から工作船に接近し、「いなさ」は約三〇〇メートル離れた位置で僚船をバックアップする態勢を取った。同九分、「あまみ」があと一メートルの至近距離まで近づいたところで、突如、工作船の乗員が自動小銃の射撃を開始した。

この銃撃により最も大きな被害を受けた「あまみ」は、船橋内にいた二人が負傷したほか、監視用テレビやレーダー等の機器が破損し、一時は船内が停電状態に陥った。「いなさ」も、船体を貫通した弾丸により三基のエンジンのうち一基が停止する損害を被っている。さらに、工作船上から「いなさ」と「あまみ」に向けてロケット弾が発射されたが、幸いにも二発とも外れた。

この無法なテロ攻撃に対する正当防衛として「いなさ」が二〇ミリ機関砲で反撃を開始し、午後一〇時一三分、一八六発の二〇ミリ弾が発射されたところで工作船は爆発を起こして沈没した。この爆発の原因については、「いなさ」の攻撃で工作船に搭載されていた弾薬が誘爆したとも考えられるが、もはや脱出不可能とみて工作船の乗員が機密保持のために自爆させた可能性が強い。九九年に能登半島沖で海上自衛隊に追跡された工作船のケースでも、「日本側に拿捕される事態となれば自爆せよ」との本国からの無線命令を防衛庁が傍受している。

工作船の沈没後、付近の海面に一五人の工作員が浮かんでいるのが確認されたが、彼らの救助をすぐに行うことはできなかった。以前に韓国で救助された工作員が手榴弾で自爆したケースがあり、下手に救助すると自爆の道連れにされるおそれがあったからだ。海上保安庁でこのような危険な作業を遂行できるのは大阪特殊警備基地（泉佐野市所在）に所属する「テロ対応特殊部隊」（ＳＳＴ）だけであり、既にその隊員がヘリ搭載巡視船に乗り込んで現場海域に向かっていた。

巡視船は漂流する工作員に浮き輪を投げ、サーチライトで照らすなどの措置を取りながら特殊部隊の到着を待った。しかし、当時の現場海域は風速一二メートル、うねりの高さは約四メートルにも達していた。一八〇トン程度にすぎない小型巡視船では現場に留まることさえ容易でなく、更に闇夜という悪条件が重なって、工作員の姿は次々に波間に消え、午前零時までには全員を見失った。おそらく工作員全員が溺死したものと考えられる。

この事件で工作船側が使用した武器は、AK74小銃（口径五・四五ミリ）、DSHK38重機関銃（口径一二・七ミリ）、そして一躍有名になったRPG7対戦車ロケット発射筒である。このロケット弾の直径は八五ミリで、着弾時に強烈な熱噴流を発して数センチの装甲板を貫通する。ただし、弾速が遅い上に横風の影響を受けやすいので、有効射程は三〇〇メートル以内と短い。

今回判明した以外にも、工作船は様々な武器を搭載しているものと考えられる。例えば、スティンガー対空ミサイルは米国製だが、アフガニスタンのタリバンも使用していたように裏の兵器市場には相当に出回っているため、北朝鮮も入手している可能性がある。また、ソ連製の対空ミサイルSA7は、スティンガーより性能は落ちるが、入手は極めて容易だ。これらの携行型対空ミサイルは工作船上からも発射可能であり、航空機やヘリが射程内（約五キロ程度）に接近することは危険である。

また、工作船の写真を解析した結果、後部甲板に大型機銃を引き出すためのレールが発見された。ここに搭載されていた武器としては、先程のDSHK38重機関銃のほか、KPV重機関銃、ZPU23機関砲などが考えられる。KPV重機関銃はもともと対装甲車両用に開発されたもので、その一四・五ミリ徹甲弾は距離五〇〇メートルで二〇ミリの装甲板を貫通する。ZPU23機関砲は口径二三ミリの大型機関砲で、その弾丸は命中時に炸裂して機関銃とは比べ物にならないほど大きな被害を与える。ロケット弾はもちろんのこと、これらの大型機銃の銃弾が命中すれば、大型巡視船でも重大な損傷を受け、小型のものなら簡単に撃沈されるだろう。今回そのような事態にならなかったのは、「いなさ」の二〇ミリ機関砲の反撃が正確かつ効果的で、工作船側が大型機銃を甲板に引き出す余裕がなかったためだ。

実は、この二〇ミリ機関砲は、九九年の能登半島沖事件の教訓を受けて海上保安庁が新たに導入したものだった。工作船の乗員に死傷者が発生しないように船体の機関部だけを正確に撃破することは、従来型の海上保安官が目視照準する機銃では不可能である。そこで、海上保安庁では自動追尾照準機能をもった新型二〇ミリ機関砲の整備を進めていたのだ。

それにしても、今回の事件では、海上保安庁側の被害が奇跡的に少なかったと判断せざるを得ない。海上保安官が装着している防弾衣やヘルメットで防げるのはせいぜい拳銃弾程度であって、工作船側が使用した軍用小銃には無力である。また、アルミ製の船体も、海上保安官が「トカレフ（共産圏諸国の拳銃）でも簡単に孔が開きますよ」と自嘲するほどだ。今回の巡視船の中で唯一船橋に装甲板を施してあった「きりしま」でも、約二〇発の弾丸が貫通している。

今回の事件を受けて海上保安庁は全巡視船に防弾対策を推進することを検討しているが、小型巡視船の船体すべてにそれだけの装甲を施せば、重量過大となって工作船のスピードに追いつけなくなるというジレンマがある。防弾板は船橋、銃座などの海上保安官を直接ガードする部分に限定し、その代わりに相手が反撃してきたら瞬時に制圧できるように、巡視船の武装を増強すべきだろう。特に、相手の反撃を受けない遠距離からの射撃が可能で、二〇ミリ機関砲の数倍の威力を有する三五ミリ級の機関砲に換装を進めることが必要である。

3 工作船の任務は何か

北朝鮮における工作船の出撃拠点は、半島東海岸の清津港（チョンジン）・元山港（ウォンサン）、西海岸の南浦港（ナムポ）の三港とみられている。ちなみに、九九年に能登半島沖で見つかった工作船は、清津港に逃げ込んだことが判明している。米軍は、偵察衛星によって北朝鮮の軍事施設を常時監視しており、今回の工作船が南浦港から出航したことを確認した。その通報を受けた自衛隊が情報収集を進めたところ、一二月中旬に鹿児島県喜界島の通信所が工作船の交信をキャッチしたので、鹿屋基地のＰ３Ｃを該当海域に派遣して不審船を洗い出し、ついに工作船を発見したというわけだ。

今回、不審船を工作船と判定する決め手となったのが、Ｐ３Ｃによって撮影された写真だ。工作船の外形は一般の漁船とそっくりだが、見分けるのに四つのポイントがある。その第一は前部の船倉部分だ。普通の漁船であれば水揚げした魚を収容するスペースだが、工作船の船倉にはジェット戦闘機用の大型エンジン二基が搭載されていると考えられている。日本側に発見された場合に高速で脱出するためだ。そこで、船体から出る赤外線を撮影して熱源となるエンジンの位置を分析すれば、工作船を識別することが可能である。

第二のポイントは、船尾にある小さな観音開きの扉だ。ここには九〇年の美浜事件で発見された上陸用舟艇が収納されている。ちなみに、この舟艇はイカ釣り漁船を偽装しているが、三基のエンジンが装備され、五〇ノットもの高速を出すことができる。第三のポイントは、工作船の甲板にはまったく漁具が備え付けられていないことだ。おそらく船倉内に搭載されたエンジンの関係で、甲板に物を置けないのだろう。そして、第四のポイントは、漁船には不釣合いな多数のアンテナ類である。

既に防衛庁や海上保安庁では、過去の調査結果をもとに二〇数隻の工作船をリストアップし、北朝鮮側が多少の偽装を行っても十分に識別できるだけのデータを集約している。したがって、船の様子を撮影して専門家に分析させれば、工作船の識別はそれほど難しくはないのだが、今回の事件では分析までに相当の時間を要した。これは、防衛庁の危機管理体制に問題があったためだ。

自衛隊のＰ３Ｃ哨戒機は二一日の午後四時三二分に工作船の写真撮影を行ったが、それを機上から転送する機器を有しておらず、基地まで引き返さざるを得なかった。問題のＰ３Ｃが鹿屋基地に到着したのが午後六時半、それから同基地で写真を現像して、市ヶ谷の海上幕僚監部に写真電送を開始したのが午後八時ごろのことである。この送信が終了したのは午後一〇時五五分で、送信の開始から三時間もかかっていた。工作船の特徴がはっきりわかるように最高画質にして送ったためということだが、このＩＴ全盛の時代にこれだけの時間がかかるというのはお粗末としかいいようがない。この写真を防衛庁で分析して工作船と判定したのは、翌日の午前零時半のことだ。Ｐ３Ｃが工作船を撮影してから、実に八時間が経過していた。

また、防衛庁から海上保安庁への通報にも問題があり、海上保安庁が連絡を受けたのは写真分析が終了した後の二二日午前一時一〇分である。さっそく海上保安庁は巡視船を派遣したが、工作船に追いついたのは更にその一二時間後だった。工作船を撃沈したのが中国側の排他的経済水域となってしまったのは、海上保安庁への通報の遅れによるところが大きい。

この件について、海上保安庁側は「怪しいと思ったらすぐに連絡してほしい」と要請したのに対し、防衛庁側は「この海域では蛇頭などの不審船舶は珍しいことではなく、一々連絡していたらオオカミ少年になる」と反論している。ここで奇異に感じるのは、九九年の能登半島沖での工作船事件を受けて、海上保安庁と防衛庁との間で共同対処に関するマニュアルが既に作成されていることだ。

情報連絡はマニュアルの基本であるにもかかわらず、両者の見解がこれほどずれ違っているのでは話にならない。おそらく官邸サイドの指示を受けて、海上保安庁と防衛庁の事務担当者が十分な意見調整も行わずに玉虫色の作文をしたのだろうが、これでは到底「マニュアル」の名に値しない。緊急事態が発生する度に関係省庁の連携の齟齬が問題となるにもかかわらず、霞が関の官僚の意識には全く改善が見られないようだ。

今回の工作船がどのような活動を行っていたかについては推測に頼るしかないが、九〇年の美浜事件のように日本への工作員の送り込みに従事していたことも考えられる。韓国に亡命した元工作員の証言によると、工作船には二〇人が乗り込み、うち五人が工作船の後部に収納された舟艇により上陸するということだ。工作船撃沈時に海上保安庁が確認した乗員は一五人だから、既に工作員が我が国に上陸した可能性も否定できない。しかし、舟艇が行動できるのはせいぜい二〇キロ程度だが、工作船が発見された時の位置はかなり沿岸から離れており、舟艇を下ろすには遠すぎるようである。

最も可能性が高いのは、沖合で他の船舶とドッキングしての「取引」である。実は、北朝鮮は日本向けに覚せい剤を密売している疑いが濃厚である。例えば、九八年八月には、日本側の密輸組織が公海上で北朝鮮船舶から三〇〇キロもの覚せい剤（末端価格一八〇億円）を密輸した事件が発生している。この密輸に使用された北朝鮮側の「第一二松神丸」（偽名である可能性が強い）と今回の工作船が酷似しているという情報もある。これ以外にも、九七年には宮崎県で北朝鮮船籍の貨物船から五八キロの覚せい剤が発見され、九九年には鹿児島県で五六〇キロの覚せい剤が摘発された事件で、犯人が北朝鮮船から覚せい剤を受け取ったと供述している。

もともと北朝鮮では外国からの兵器購入のために多額の外貨を費やしているのに加えて、二〇〇二年二月に金正日総書記の還暦祝賀式典、そして四月に故金日成主席の生誕九〇年記念式典と朝鮮人民軍創建七〇周年式典という国家を挙げての記念行事が相次いで予定され、莫大な資金を必要としていた。しかし、これまでの金蔓であった朝銀が相次いで破綻し、九八年より韓国の現代グループと共同で進めていた金剛山観光事業も停滞するなど、北朝鮮の外貨保有は危機的状況に陥っている。

そこで、金総書記への「忠誠の証」として、軍部をはじめとする北朝鮮の関係機関は、外貨獲得に血眼になっている状態だった。中南米のテロ組織が麻薬密売を資金源としていることは広く知られており、北朝鮮というテロ国家が、数千億円に達する日本の「覚せい剤市場」に目をつけるのもむしろ当然かもしれない。九九年、二〇〇〇年と日本の治安当局が一トン以上の覚せい剤を押収しているにもかかわらず、末端での販売価格に変動が見られないのも、北朝鮮という「大口供給者」が存在するためとも考えられる。

この点で、北朝鮮工作船問題は、我が国の国内治安の上でも重大な脅威となっているのだ。

4 露呈した危機管理体制の不備

国連海洋法条約第一一〇条では、海上の治安維持の観点から無国籍船を臨検することを認めている。北朝鮮工作船も国籍を明示せず、あるいは偽っているため、この無国籍船として取り扱われる。欧米をはじめとする多くの国々の沿岸警備当局では、領海はもちろんのこと公海上においても無国籍船に対する取締りを実施している。その際に船体射撃を行うことも国際慣習で認められ、その結果として無国籍船の乗員に死傷者が発生しても、責任を問われることはない。また、同条約第一一一条では追跡権を規定しており、今回のケースのように相手船舶が自国の排他的経済水域外に逃走したとしても、沿岸警備当局が引き続き追跡することを認めている。

しかし、この国際海洋法条約を日本でも批准しているにもかかわらず、公海上における無国籍船の取締りに関する国内法の整備がなされていないのが実情だ。そのため、公海上で発生した今回の事件の場合には、無国籍船の取締りではなく、漁業法に基づく立入り検査を忌避したことを理由として海上保安庁が対応していた。我が国にとって重大な脅威である北朝鮮工作船と対決するに当たって、漁業法という軽微な法令違反を持ち出さなければならない状況は明らかにおかしい。

これは武器使用の問題でも同様だ。政府は先の臨時国会で不審船舶を強制的に停止させるための武器の使用について海上保安庁法と自衛隊法の改正を行ったが、その範囲をわざわざ領海内に制限しているのである。そのため、今回の工作船に対して海上保安庁側が実施した射撃については、相手から銃撃を受ける以前に行ったものは、「逃走防止のための威嚇射撃」と解釈せざるを得なかった。

しかし、威嚇射撃は人に危害を加えないことを大前提としており、通常は乗員がいない機関部を狙ったとはいえ、船体に多数の弾丸を命中させる行為を威嚇射撃とする解釈にはかなり無理がある。もしもこの「威嚇射撃」で実際に乗員に死傷者が出た場合には、関係した海上保安庁の職員が罪責を問われるおそれもある。政治の無策を現場の応用によって補うにも限度があろう。最近、経済の分野では盛んにグローバル・スタンダードが唱えられているが、領海警備の面でも一刻も早くグローバル・スタンダードに合わせるべきだ。

それにしても、今回の事件での官邸の対応はお粗末だった。小泉首相、福田官房長官は危機管理センターに姿を見せず、安倍官房副長官も二二日夜の早い時点で「北朝鮮工作船ではない」と判断して自宅に引き上げている。工作船が中国に向けて進路を取り、更に乗員が中国の旗を振ったり、鉄パイプを振り回したりするなどの偽装工作をしたため、相手が蛇頭だと思い込んでいたようだ。結局、官邸首脳陣が危機管理センターに入ったのは、銃撃戦が終了して工作船が沈没した後であった。

官邸の危機管理機能強化のために内閣官房に対する梃入れが続けられてきたが、現実には関係省庁からの情報さえろくに入っていないようだ。前述のように防衛庁サイドでは、この日の午前零時半には北朝鮮工作船だと分析していたにもかかわらず、夜になってもその情報が内閣官房に届いていないというのでは話にならない。防衛庁筋の談話として、「機密情報を知らせるのは首相や官房長官だけ。たとえ防衛庁からの出向者といえども、内閣官房の連中には教えない」との記事があったが、これが本音だろう。結局のところ、各省庁が独立王国の体をなし、政府全体として対処に当たることができないというのが我が国の危機管理の現状なのである。

5 北朝鮮に何も期待してはならない

今回の事件で撃沈された北朝鮮工作船は、東シナ海の水深約九〇メートルの海底に横たわっている。我が国のサルベージ業者は、八八年に福島沖で水深二百数十メートル地点に沈んだ海洋調査船「へりおす」の引揚げに成功した実績があり、今回の工作船の引揚げも技術的には容易である。これまで数々の土下座外交を続けてきた外務省サイドでは、今回の事件でも北朝鮮の反応を気にするあまり、なるべく曖昧な形で収拾したいとする意見が根強いようだが、工作船の引揚げは何としても実施しなければならない。

工作船本体を引き揚げることができれば、その構造や装備について有益な情報が得られるとともに、北朝鮮の関与についても決定的な物証を発見できる可能性が高いからだ。ちなみに韓国政府は、九八年に撃沈した北朝鮮の工作用潜水艇を水深一五〇メートルの海底から引き揚げ、発見された様々な資料類を分析し、韓国内の地下組織の摘発に成功している。

北朝鮮では、今回の事件について「日本反動がねつ造した謀略」との非難を始めている。八七年の大韓航空機爆破事件でも、金賢姫という生き証人がいるにもかかわらず、頑なに関与を否定してきた北朝鮮のことだから、この反応もまったく驚くに当たらないが、こういう相手に対しては、動かぬ証拠を突きつけることが不可欠だ。それに何よりも、工作船問題、さらにはこれに起因する日本人拉致問題を決して曖昧にしないという日本政府の決意を示すことができる。船体の調査が終了した後は、日本人拉致事件の現場に資料館を作って工作船を展示しておけば、事件の風化を防ぐ意味でも大きな効果があるだろう。

そもそも工作船の活動は、北朝鮮という国家の意志のもとに実施されたもので、単なる犯罪行為とは訳が違う。日本の主権を代表して領海警備に従事していた海上保安庁の巡視船を北朝鮮工作船が銃撃したのは明らかに「武力行使」であり、これに対する巡視船の反撃は、日本国としての「自衛権の発動」にほかならない。今後、日本国内でどのような神学論争が展開されようとも、国際法的に見れば北朝鮮が日本に仕掛けた「戦争」である。

これまで日本は北朝鮮に対して融和姿勢を堅持していたが、今回の工作船事件への対応を見る限り、北朝鮮の対日姿勢には何ら変わりがなかったことは明らかである。要するに、その場その場で日本側に期待を持たせるようなリップサービスをして援助を引き出すが、実際には日本を仇敵としか見ていないのが北朝鮮という国家の本質だ。

おそらくこの状況は、北朝鮮に「金王朝」が存続する限り、決して変わることはないだろう。国家運営が破綻し国民が窮乏の底にある北朝鮮では、国家それ自体を収容所としなければすぐにでも崩壊するおそれがあり、その抑圧体制を正当化する唯一の理由が日本・米国等の「敵」の存在である。逆に言えば、「敵」が存在しないのであれば、経済破綻は単なる失政であり、救国の英雄である金一族は不要となってしまう。結局、日本側の対応がどうであれ、北朝鮮にとって日本は永久に敵国であり続けるわけだ。

「こちらが誠意をみせていれば、きっとわかりあえる時が来る」などといった中学校のホームルームのような綺麗事は通用しない。別にこれから日本が北朝鮮を敵視する必要はないが、「北朝鮮には何も期待しないこと」が肝心だ。それでは拉致問題が解決しないと反論されるかも知れないが、北朝鮮が日本人を拉致したことなど認めるはずがない。残念なことだが、日本側が如何なる態度を取ろうとも、北朝鮮という国家が崩壊しなければ、拉致された方々は戻ってこない。それが現実である。

なお、日本政府がここ数年来コメを合計一一七万トンも支援してきたことに対し、北朝鮮側が恩義に感じていないのも当然かも知れない。実は、日本が支援に充てたコメは「古々々米」や「古々々々米」であって、日本国内では到底食卓に上がるはずがないものばかりである。過剰在庫となって行き場のないコメを、食管制度の問題を表面化させたくない農林省が「人道的援助」の名のもとに放出したというだけだ。この一件で暗躍した国会議員が、いずれも農林族であることがすべてを物語っている。このようにレベルの低い国内政治状況では、北朝鮮にいいように手玉に取られるのも無理はない。

❻原発警備の困難性

工作船を利用して我が国に潜入した北朝鮮工作員は、平時は各種の情報活動に従事しているが、本国からいったん指示が下れば破壊工作を開始するはずだ。その場合に彼らの標的になるおそれが強い原子力発電所の警備について最後に若干敷衍してみたい。

既に述べたように、九〇年四月に福井県美浜町で工作船事件が発生しているが、この周辺は「原発銀座」と呼ばれるほど原子力関連施設が集中し、事件現場のすぐ近くにも美浜原発が稼動している。単に工作員の上陸スポットという観点だけでなく、原発の襲撃計画を練るために北朝鮮がこの地域を研究している可能性は否定できない。

原発はコンクリートの要塞のようなものであって、外部からの攻撃には強靭だ。先日の同時テロ事件のように大型旅客機が突っ込んだとしても、放射性物質が封入されている原子炉容器を破壊するのは無理だろう。しかし、原発の中に入り込むことができれば話は別である。日本国内の原発で使用されている核燃料を使って核爆発を引き起こすことは不可能だが、ソ連のチェルノブイリ事故に見られるように、内部の放射性物質を撒き散らして広範な汚染を引き起こすのはそれほど難しくない。工作員が原発に侵入して、原子炉容器や周辺の壁に多量の爆発物を仕掛ければ済むことだ。

この核テロの脅威に対して、日本政府は基本的に警察力によって対応しようとしているが、原子力施設が設置されているのは田舎ばかりで県警の規模も小さく、例えば「原発銀座」を管轄する福井県警の警察官数は約一五〇〇人にすぎない。若手警察官を根こそぎ動員したとしても、県内すべての原子力施設を自力で警備することは困難だ。警察庁としては、いまのところ他府県警察からの機動隊の応援派遣によってやりくりしているが、長期となるとそれにも限度がある。

以前、成田空港開港の際に一五〇〇人もの警察官を全国から集めて空港警備隊を編成したことがあるが、それに倣って「原子力施設警備隊」のような新組織を立ち上げでもしない限り、十分な警備体制を確保することは難しいだろう。また、犯人検挙を基本とする警察では、相手が犯人であることを確認した上で、必要最小限の範囲で武器を使用することとしているが、実戦では、敵が存在すると思料されるエリアに持てる限りの火力を先制して叩き込むことが勝利の要諦だ。どうしても後手に回らざるを得ない警察側は、それだけで圧倒的に不利になる。

さらに、装備の差も歴然としている。襲撃する北朝鮮側は、特殊作戦の通例から考えて、擲（てき）弾発射機付きＡＫ74自動小銃、ＲＰＫ機関銃、ＲＰＧ７対戦車ロケット発射筒、手榴弾等を装備しているはずだ。現在警察庁では、全国警察に特殊銃（威力の弱い拳銃弾を発射する小型の機関銃）を配分する計画を進めているようだが、それでも火力では到底比較にならない。

軍用機関銃の掃射は機動隊の輸送車など簡単に貫通するし、ロケット弾や擲（てき）弾は半径数メートルの人員を薙ぎ倒す威力がある。また、接近戦や屋内戦では手榴弾が非常に有効だが、不特定多数の者を傷つけるおそれがあるために日本警察では装備していない（先日のバスジャック事件の際に使用されたスタン・グレネードは閃光と音響で相手の反応を一瞬遅らせることを目的としたもので殺傷効果はない。）。手持ちの特殊銃で応酬しようにも、遮蔽物の陰から北朝鮮側が手榴弾を投げ込んできたら反撃は不可能だ。

以上のように、体制・戦術・装備とあらゆる面において原発警備が大きな問題を抱えている現状を直視しなければならない。日本のように狭い国土で原発テロが発生した場合、その被害は計り知れないものがあり、文字どおり国家の存亡にかかわる事態となることが予想される。今回の事件で北朝鮮工作員の危険性が浮き彫りになったことを契機として、原発警備を国家的な重要課題に位置付けて再検討していくことが必要とされている。

（二〇〇二年一月脱稿）

〈追　記〉

二〇〇二年九月一一日、問題の工作船がついに海中から引き揚げられ、その後の調査の結果、以下の事実が判明した。

○　全長約三〇メートル、幅約五メートル

○　一基約一〇〇〇馬力のロシア製ディーゼルエンジン四基を搭載（合計四〇〇〇馬力は一般的な漁船の約一〇倍に相当）

○　高速での航行に適したV字型の船底（三〇ノット以上の高速航行が可能と推定）

○　上陸作戦用の小型舟艇と水中スクーターを搭載

また、引揚げ現場から一四・五ミリ重機関銃、携行型対空ミサイル（SA16）、八二ミリ無反動砲などが回収され、工作船がハリネズミのように武装している事実が改めて確認された。これを受けて海上保安庁では、今回の事件で活躍した高速特殊警備船のほかに、三〇ノット以上の最高速力と遠距離射撃が可能な四〇ミリ機関砲を備えた高速巡視船の整備を進めている。

焦点6

北朝鮮問題と「不正規戦争」

1　はじめに

朝鮮民主主義人民共和国（以下、「北朝鮮」と略す。）については、核兵器疑惑と弾道ミサイル開発、打ち続く深刻な経済問題と食料危機など様々な懸案が山積し、東西冷戦終了後の東アジア地域における最大の不安定要素と位置づけられ、その動向が日本を含む諸外国から注視されているところである。この問題に関する日本の基本的なスタンスとしては、北朝鮮という国家がたとえ終末を迎えるとしても、それができる限りゆるやかな形をとること、言い換えれば北朝鮮の指導者が自暴自棄となって第二次朝鮮戦争を引き起こすような事態を極力防止することを目標としており、北朝鮮と直接対峙している韓国及び重要な関係国である米国も基本的に同様の立場に立つと考えられる。

しかし、北朝鮮においては、軍事関係はもちろんのこと、あらゆる権能が金正日個人に集中され、国家としての意思決定過程におけるチェック機構が存在しないため、北朝鮮が全く国際常識では考えられないような行動をとる場合があることは、過去に同国が引き起こした数々のテロ事件を見ても明らかなところである。したがって、関係諸国が北朝鮮問題の「軟着陸」のために今後いかに力を注ごうとも、朝鮮半島において何らかの異常事態が発生する可能性は必ずしも排除できない。

これまで新聞、雑誌等においても、北朝鮮問題について様々な記事や論説が見受けられるところであるが、万一の場合に日本にどのような影響があるかについて具体的に論述したものは比較的少ないように思われる。本稿では、危機管理の観点から、朝鮮半島紛争時に北朝鮮が日本に仕掛けてくるおそれがある「不正規戦争」について解説するとともに、その態様について想定することとする。

2 不正規戦争の解説

1　不正規戦争の概念

「不正規戦争」という言葉に多くの読者はなじみがないと思われるので、まずその定義について説明すると、不正規戦争とは、過去二回の世界大戦のように国家同士が戦争状態を宣言して正面からぶつかる戦争形態（いわゆる「正規戦争」）に対する概念であり、公式には両国間に戦争は発生していないにもかかわらず、敵国の要人に対するテロ、敵国内における破壊活動等敵国を屈伏させるための各種活動が展開されている状態を指す。北朝鮮は、次に紹介する三事例に見られるように、このような不正規戦争に熟達し、むしろ不正規戦争を軍事ドクトリンの重要な一部ととらえているところがあり、そのような活動に投入するための特殊軍団が数万人も存在すると言われている。

【青瓦台襲撃事件】

一九六八年一月二一日、対韓奇襲攻撃のために選抜された北朝鮮人民軍の特殊部隊三一人が、朴大統領（当時）暗殺の指令を受け、韓国軍に偽装して休戦ラインを越えて侵入し、韓国大統領官邸（青瓦台）に突入を図ろうとしたところで警備隊との銃撃戦となった。この結果、警備隊や一般市民に多くの死傷者が発生し、特殊部隊側も二人が逮捕されたほかは全員が射殺された。

【ラングーン爆弾テロ事件】

一九八三年一〇月九日、ミャンマーのラングーンを訪問中であった韓国の全大統領（当時）暗殺を狙った爆弾テロ事件が発生し、全大統領は危うく難を逃れたものの、徐副総理、李外相ら韓国政府の閣僚四人が爆死するなど、計六八人が死傷した。その後の捜査により、犯人として北朝鮮人民軍の現役将校二人が逮捕、一人が射殺された。ミャンマー政府は、特殊工作の訓練を受けたテロ要員による犯行であり、北朝鮮の指令の下に事件が敢行されたと発表し、北朝鮮との外交関係を断絶した。

【大韓航空機爆破事件】

一九八七年一一月二九日、ソウル行き大韓航空八五八便がインド洋上で爆破され、乗客一一五人が死亡した。同便の中継地であるアブダビで降りた乗客の身元調査を実施したところ、「蜂谷真一・真由美」と名乗る乗客について、日本政府が旅券を発行した事実がないことを突き止めて逮捕した。犯人のうち一人は取調べ中に服毒自殺したが、残る一人（金賢姫）が、北朝鮮の特殊工作員であり、機内に時限爆弾をセットしたトランクを仕掛けたことを自供した。

2　不正規戦争の可能性

朝鮮半島における紛争発生時には、これまでの日本政府の対応を見る限り、自衛隊を派遣するには至らないまでも、日本が米軍の活動に対して物資、施設の提供等相当の支援を行うことは間違いないであろう。この場合、日本は、米韓軍のいわば「後方基地」のような機能を果たすことになるため、北朝鮮が何らかの形で日本国内における作戦行動に出ることが当然に予想される。

その際に北朝鮮と日本との正規戦争が勃発する可能性については、北朝鮮が日本への上陸侵攻能力を有していないこと及び北朝鮮の航空戦力が相対的に劣勢であること(注)などを勘案すると、軍事的には北朝鮮が日本に対して正規戦争を遂行する実力を有していないと判断されるため、危機管理の検討に当たっては、このような事態が生起する可能性は取りあえず排除してよいと考えられる。

（注）北朝鮮の軍事力

北朝鮮軍は、三八度線を経て直接韓国と対峙している関係上、極めて陸軍戦力を重視した編成となっているため、北朝鮮海軍は、朝鮮半島沿岸における活動を目的とした小規模なものにとどまっている。また、北朝鮮空軍の作戦機数の大半はミグ—17やミグ—19などの旧式機であって、近代航空戦に通用する機体は、数十機程度にすぎない。

しかし、その一方で、軍事関係者の間では、朝鮮半島における紛争時に北朝鮮が日本に対して不正規戦争を挑む可能性が非常に高いと考えられている。この判断の根拠となるのは、前述のような軍事的な問題もさることながら、「政治的に弱体な国家」である日本に対しては、不正規戦争が最も効果的な戦争手段とみられていることが挙げられる。

正面から北朝鮮が戦争を仕掛けた場合には、当然のことながら日本は否応なく交戦国の立場となるが、不正規戦争の場合には、公式には両国間に戦争状態が発生していないために、その対応策をどうするかについて日本政府が自ら判断する必要が生じる（言うまでもないことであるが、日本国憲法においても自衛のための武力行使は許容されている。）。しかし、日本は議会制民主主義国家であり、特に政権が連立与党によって支えられているような場合には、北朝鮮が不正規戦争を日本に対して敢行したとしても、北朝鮮に対する断固とした決断を日本政府が下せるかどうか甚だ疑問である。北朝鮮側でも、当然のことながら、不正規戦争を実施している物的証拠を残さないように努める（たとえ動かぬ証拠を突きつけられたとしても、過去のテロ事件の際のように、北朝鮮当局は「日米韓の帝国主義者の謀略である」と繰り返すだけと思われる。）ことが予想されるため、このような決断はますます困難となろう。その結果として、北朝鮮は、日本からの反撃を一切受けることなく、一方的に日本を攻撃することが可能となることから、不正規戦争が日本に対する最も有効な攻撃戦略となると考えられるのである。

3　不正規戦争の目標

不正規戦争は、詰まるところは少人数によるヒットエンドラン攻撃の繰り返しであり、国家全体にして見れば、個々の打撃は軽微なものにすぎない。しかし、不正規戦争の目標とするところは、敵国を実体的ではなく、むしろ心理的に屈伏させることにあるのである。ヴェトナム戦争時の米国のように、物理的に圧倒的な戦力を保持していたとしても、国民が戦意を消失してしまえば敗北せざるを得ない。この点で、不正規戦争は、心理戦争としてもとらえることが可能である。

日本に対する不正規戦争における北朝鮮の目標も、単に米軍に対する日本の支援活動を妨害することにとどまらず、最終的には、米国との同盟関係を支えている心理的基盤を崩壊させることにあると考えられる。具体的には、人心の不安を助長するような各種の攻撃により日本国民を集団ヒステリーの状態に陥れる一方で、朝鮮総連や関係団体を活用して「米軍に対する支援活動を行っているから日本が巻き添えにされている」という情報操作を行うことにより、日本国内の反米運動や左右対立を活発化させ、日本を麻痺状態に追い込むとともに、日米関係を崩壊させることを企図していると予想される。

3　不正規戦争の態様

1　不正規戦争の主体

北朝鮮は、前述のように不正規戦争に投入するために数万人の特殊軍団を擁しており、朝鮮半島での紛争発生時には、この特殊軍団の多くは韓国内の攪乱や破壊工作に充てられるであろうが、それでも相当数が不正規戦争遂行のために日本国内に送りこまれることが予想される。日本への潜入方法としては様々なものが考えられるが、北朝鮮海軍は、特殊部隊用と考えられる小型潜水艦や高速艇を多数装備しているところであり、過去にも漁船に偽装した高速艇を用いて日本へ特殊工作員を送り込んだ事件が散見されるところから、相当数は海路で日本に潜入するものと思われる。

朝鮮総連の「学習組」やよど号グループについては、年齢の問題や軍事訓練の不足などの問題があるため、不正規戦争に関与するとしても、各種調査やアジトの手配など特殊工作員に対する支援活動が中心となると考えられる。

２　特定対象に対する攻撃

(1)　要人へのテロ

「不正規戦争」における最も一般的な攻撃形態は、オウム事件の最中における警察庁長官狙撃事件のような要人に対するテロであり、皇室関係者、政府・政党要人、米国大使館関係者などが標的とされる可能性が高い。特に日本の政治は、理ではなく情に根ざしているといわれるように、個人的・属人的な要素が非常に強いために、有力な政治家が暗殺された場合に、その空白を埋めるのが非常に困難であることから、このような要人テロに対して日本は非常に脆弱(ぜいじゃく)であると考えられる。

これまでの要人警護のスタイルとしては、現場において不審者の接近を防止するという「点」の警戒が中心であったが、この不正規戦争においては、ＩＲＡによる数々の要人テロ事例からも明らかなように、遠隔操作の爆発物が使用される可能性が高く、また、狙撃銃、ロケット砲といった射程距離の長い軍用の携帯火器が使用されることも予想されるために、「立体的」な警戒方式に切り換えていく必要がある。

(2)　米軍関係施設の襲撃

在日米軍基地や米軍に対する支援活動に用いられている各種施設は、「後方基地」として米韓軍の作戦遂行上非常に重要な役割を果たしているため、不正規戦争における主要な標的となることが予想される。特に北朝鮮は、化学兵器大国として有名であり、八か所の生産施設を有し、数千トンの化学兵器を所有していると伝えられているところ、米軍関係施設を対象とする襲撃においては、施設の機能を長期間麻痺させるために、北朝鮮が化学兵器を使用することが十分に考えられる。ちなみに、オウム事件で有名となったＶＸは、非常に残留性が強いことから、このような基地攻撃に最も適した化学兵器である。

その手法としては、迫撃砲により化学兵器を充填した砲弾を打ち込んでくる可能性が高い。特に注意する必要があるのは、迫撃砲の重量は大型のものでも百数十キログラム程度で、分解して簡単に持ち運びができる点、及び迫撃砲の砲弾は四五度以上の高角度で打ち出され、大きな放物線を描いて落下するため、目標が直視できない場所からでも攻撃が可能（最大射程は四キロメートル程度）である点であり、迫撃砲を使用したヒットエンドラン攻撃を防ぐことは非常に困難である。

※　化学兵器が使用された場合の対処要領等については、「第5章　焦点19　化学兵器の基礎知識と第一次的対処要領」を参照されたい。

3　一般大衆を標的とする攻撃

(1)　無差別の爆弾テロ

アトランタにおける五輪公園爆弾テロ事件のように、一般大衆を無差別に攻撃する爆弾テロは、不正規戦争においてもよく利用される戦術の一つであり、その「無差別性」により一般大衆に大きな不安感を与えることとなる。その最大の特徴となるのは、人の往来のあるところならどこに爆弾を仕掛けてもよいということ、言い換えれば最も警戒の弱いところを選んで攻撃することができるため、現場において治安機関に捕らえられる危険性が非常に少ないということである。このようなテロに対する対抗手段としては、オウム事件の際のように、とにかく多数の警察官を街頭に立たせて警戒するという対策をとることが考えられるが、諸外国の例を見る限りでは、このような威圧警戒で爆弾テロを封じ込めることにはどうしても限界がある。

(2) ライフラインに対する攻撃

電気、ガス、水道、通信などの途絶は、一般大衆に大きな心理的動揺を与える効果があるが、これらのライフラインは、災害時などに備えたバックアップ機能（例えば発電所が一か所停止しても、別の発電所から電気を供給することによりカバーする仕組み）を有しているため、長期にわたってライフラインを途絶させるためには連続・集中的な破壊活動が必要となる。

ライフラインの中でも、特に攻撃の効果が高いものとして要警戒とされるのは、やはり原子力関係施設と考えられる。基本的に日本の軽水炉型原発はフェイルセーフ構造となっているため、たとえ攻撃されたとしても、チェルノブイリ事故のような炉心の暴走が起きる可能性は小さいが、原子炉容器を爆破することにより相当範囲の放射能汚染を引き起こすことは十分可能であり、核アレルギーの強い国民性を考慮すると、かなりの社会的混乱を惹起するおそれがある。また、原発は言わばコンクリートの要塞であり、武装集団にいったん内部に立てこもられたら、これを排除することは極めて困難であることから、「原発ジャック」により日本国を脅迫するような事態も懸念される。

(3) 生物兵器による攻撃

平成八年夏の大腸菌O―一五七による集団食中毒騒動は、病原菌に対する恐怖心が社会生活にいかに重大な支障を与えるかを明らかにした。生物兵器は、このように「心理的効果」に着目して、相手国の攪乱、騒擾を狙った戦略目的で使用されることが多いところ、北朝鮮は国内三か所に生物兵器の研究・生産施設を有していると報道されており、日本に対する不正規戦争の武器としてこれを利用することが十分に考えられる。生物兵器の具体的な使用方法としては、食料品や飲料水に隠密に生物兵器を次々に散布していくやり方が中心となると思料され、この戦術の特徴としては、発病までに時間がかかるために犯人が現場を離脱するのに十分な時間が得られること、何に菌が付着しているかわからないというパニック心理を醸成することが挙げられる。

※　生物兵器が使用された場合の対処要領等については、「第５章　焦点20　生物兵器の基礎知識と第一次的対処要領」を参照されたい。

（一九九六年三月脱稿）

焦点７

軍用機等亡命事件の対処

1 はじめに

平成八年五月二三日、北朝鮮のミグ19戦闘機が、非武装地帯上空を通過して韓国に飛来し、ソウル市南方の水原空軍基地に着陸、パイロット一名が亡命を求める事案が発生した。朝鮮半島をめぐる情勢は依然として予断を許さないところであり、今後、亡命機が近隣国である日本に針路を向ける可能性も否定できない。このような場合に事件処理の参考となるのは、昭和五一年に発生したミグ25事件と思われるが、二〇年以上前の事案であるため、関係者の記憶が風化しているおそれも無しとしない。したがって、本稿においては、当時の新聞記事、国会答弁等の公刊資料を参考として、ミグ25事件の経緯、対処状況等を振り返ることにより、軍用機等の亡命事件への対処について考察することとする。

2 事件の概要

昭和五一年九月六日、ソ連の最新鋭ジェット戦闘機であるミグ25が日本領空を侵犯して函館空港に強行着陸し、パイロットのベレンコ中尉が米国への亡命を求める事案が発生した。当時、ミグ25は、高度の軍事機密を有する機体であり、西側軍事関係者がその性能の解明に努めていた最中であった。
本事件においては、その取扱いをめぐり様々な議論が交わされたが、最終的にベレンコは米国に亡命し、ミグ25は自衛隊が調査した後にソ連に返還されることとなった。この経緯を時系列的に概観すると、次のとおりである。

（九月六日）
○　函館空港にミグ25が強行着陸
○　北海道警がベレンコから事情聴取を開始
○　ソ連大使館がベレンコとの面会及び機体の不可侵と引渡しを要求
○　外務省がベレンコの亡命意思を確認
（九月七日）
○　米国防総省がベレンコの亡命意思を確認した旨発表
○　北海道警が函館地検にベレンコを書類送検
○　北海道警が機体を実況見分
○　ベレンコの身柄を東京に移送
（九月八日）
○　函館地検が機体を実況見分
（九月九日）

○ソ連大使がベレンコの政治亡命は捏造であり、同人と機体の返還を求める旨の政府声明を発表
○函館地検がベレンコの起訴猶予処分を決定
○東京入国管理局がベレンコに退去強制令書を発付
○ノースウェスト便でベレンコが米国に向け出国
（九月二〇日）
○ソ連政府声明に対する日本政府の反論を発表
（九月二五日）
○解体したミグ25を航空自衛隊百里基地に移送、本格的調査の開始
（一一月一二日）
○ミグ25を積載したソ連木材運搬船タイゴノス号が日立港を出港

3 対処状況

1　対処方針の作成経緯

このミグ25事件への対処方針については、内閣官房を中心に関係省庁の局長クラスを招集して検討を行っており、国防会議（当時）には特に諮られていない。その理由としては、「これは領空侵犯という取り扱い、そういうことを客観的にとらえるほかはない[注1]わけですから、（中略）国防会議を開いて、その解釈を確認しなければならぬ性質のものではない」（衆議院予算委員会昭和五一年一〇月四日、三木

国務大臣答弁）と説明されている。

しかし、この事件は、対応を誤れば日ソ間に不測の事態をもたらすという点で国防に関連した配慮を必要とする側面もあり、また、関係省庁間の消極的権限争いなどのために基本方針の決定に時間を要したことから、後に中曾根内閣の時代に、「今御質問のミグの事件はどういうことだったかといえば、（中略）詳細は承知をしておりませんが、もたついたことだけは間違いがございません。ああいう処理では、私はああいった危機に対処する管理としては政府はまことに不十分である、これは私はそう思います。」（参議院内閣委員会昭和六一年五月二一日、後藤田国務大臣答弁）との反省がなされ、危機管理に当たっての基本方針を定める機関として安全保障会議が設置されることとなった。(注2)

（注1）ベレンコの国内法違反容疑

○　出入国管理令（当時）違反（不法入国）

○　航空法違反（指定空港外の着陸）

○　航空の危険を生じさせる行為等の処罰に関する法律違反（着陸に当たり航空保安設備を損壊）

○　銃砲刀剣類所持等取締法違反（拳銃の所持）

○　火薬類取締法違反（実包の所持）

○　刑法―脅迫罪（拳銃の威嚇発射）

（注2）安全保障会議設置法第一条

「国防に関する重要事項及び重大緊急事態への対処に関する重要事項を審議する機関として、内閣に安全保障会議を置く。」（傍線筆者。この「重大緊急事態」については、「例えばミグ25の事件でありますとかダッカの日航機ハイジャックあるいはＫＡＬの撃墜事件、こういったものが今後起これば、これはここで言うところの重大緊急事態に該当するのではなかろうかと思います。」（衆議院内閣委員会昭和六一年四月二四日、塩田政府委員答弁）とされている。）

2　機体の警備

函館空港における機体の警備については、陸上については北海道警察が、海上については海上保安庁が担当したが、ミグ25が高度の軍事機密を有する機体であることから、ソ連が実力をもって機体の奪還又は破壊を図ることも懸念されたため、自衛隊が平時における警戒体制の枠内で相応の警戒を実施した。(注3)

（注3）自衛隊の警戒態勢

【陸上自衛隊】

函館駐屯の第一一師団第二八普通科連隊が第三種勤務体制（外出禁止・待機体制）をとり、駐屯地内で緊急配備訓練を実施。北部方面総監部及び第一一師団司令部（札幌市所在）が第二種勤務体制として指揮所を開設。

【海上自衛隊】

大湊地方隊（むつ市）が、九月八日から二四日の間、艦艇及び航空機による津軽海峡の監視活動を実施。

【航空自衛隊】

第二航空団（千歳市所在）が待機を強化するとともに、偵察航空隊のＲＦ４Ｅが、九月一三日から二四日の間、函館周辺の監視飛行を実施。

3　機体の調査

本件のような領空侵犯機については、領空侵犯の背景・状況や日本国の安全を害する意図があったか否か等を解明するために機体の調査を行うことが、国際法上許容されると考えられたことから、ミグ25の調査を実施することとなった。その担当省庁については、防衛庁の任務が、「わが国の平和と独立を守り、国の安全を保つこと」とされており、他に機体の保管・調査の責に当たるべき適当な行政機関が認められないことから、防衛庁設置法第六条（防衛庁の権限）第九号「領空侵犯に対する措置を講ずること」及び同第一一号「所掌事務の遂行に必要な調査及び研究を行うこと」に規定する事務と密接な関連を有する事務として、防衛庁が最終的に機体の保管・調査を担当することとなった。

なお、機体の管理権を防衛庁に移管する手続については、出入国管理令違反等被疑事件について押収していたミグ25を、地検の不起訴処分の決定に伴い、ベレンコ本人にいったん還付した上で、当人から日本政府に機体の処分の一切をゆだねさせる形式とした。

4　米軍の協力

防衛庁がミグ25を調査するに当たり、民間空港である函館空港では不適当であるため、機体を解体して自衛隊の基地に移送する必要があったが、自衛隊が十分な解体技術や移送能力を有していなかったことから、在日米軍の協力を要請し、技術要員や大型輸送機などの機材の提供を受けることとした。この場合、協力要請の根拠とされたのは、防衛庁設置法第六条（防衛庁の権限）第二号「所掌事務の遂行に直接必要な装備品等及び役務を調達すること」である。

なお、米軍の協力を得るに際しては、あくまで日本国による調査であるとの実質を確保するために、

○　米軍の技術要員及び機材は、自衛隊の監督下に置くこと
○　本作業において得られた情報は、自衛隊のみに帰属すること
○　米軍が提供した技術要員及び機材に対しては、自衛隊が実費を支払うこと

の三点について、あらかじめ在日米軍司令官と自衛隊航空幕僚長との間で確認している。

4　類似事案への対応

1　在日米軍基地に着陸した場合

在日米軍基地に領空侵犯機が着陸した場合にも、基本的にミグ25事件と同様のスキームが当てはまることとなる。この点については、「こういう領空侵犯機が米軍基地に着陸いたしましたような場合でも、これは明らかに日本の領空の侵犯であり、また出入国管理令その他のわが国の国内法令に違反して入ってくることは明らかでございます。また、そこに仮に今回のような亡命のような問題が起こるとすれば、これはもちろんわが国が主体的に処理すべき問題であろうと思います。したがいまして、そういう機体の処理や人間の処理は、第一次的にはもちろん日本の政府の判断あるいは日本の国内法令及び日本

の政策に従って行われるべきものと考えております。ただ、米軍は基地の管理権を持っておりますから、その必要な限りにおきましては、米軍と協議してまいるということになろうかと思います。」（衆議院外務委員会昭和五一年一〇年一三日、山崎政府委員答弁）と明確な説明がなされている。[注4]

（注４）　地位協定第一七条（裁判権等）10(a)

「合衆国軍隊の正規に編成された部隊又は編成隊は、第二条の規定に基づき使用する施設及び区域において警察権を行う権利を有する。合衆国軍隊の軍事警察は、それらの施設及び区域において、秩序及び安全の維持を確保するためすべての適当な措置を執ることができる。」

2　軍艦による亡命の場合

個人で操縦する航空機の場合と異なり、多人数で操作する軍艦が日本に亡命を求めてくる可能性は非常に小さいと思われるが、万が一軍艦による亡命が発生した場合には、軍用機の場合とは事件処理の性質が大きく異なってくると考えられる。まず第一に、一般的に領海侵犯に対処するのは海上保安庁とされており、海上保安庁で対応できないような事態に限り、自衛隊法第八二条により、自衛隊が海上警備行動を行うこととされているため、[注5]防衛庁が侵犯艦の保管・調査の主体となれるかどうかについて若干の疑義がある。

次に、軍艦は、国際法上その本国と同様の特権的地位を享受しており、不可侵権及び治外法権が認められているため、[注6]出入国管理法違反に基づく刑事手続の一環として軍艦内の捜索を行うことはできない。また、すべての乗組員が亡命を希望し、艦の保管を日本政府にゆだねた場合には、適当な保管措置を講ずることが可能と思われるが、亡命を希望しない乗組員が艦長（代行）としての立場で拒否した場合には、日本の官憲は艦内に立ち入ることができない。

なお、日本漁船を偽装した北朝鮮の特殊工作船については、国際法上の軍艦の要件[注7]を満たしていないため、軍艦として扱う必要はないと考えられる。また、たとえ公船舶だとしても、商業に従事する公船舶が国際法上一般に商船なみに取り扱われていること[注8]、及び特殊工作船の使用目的（工作員の日本への送込み等）が国際法上保護される性質のものとは到底考えられないことから、一般の私船舶と同様に、日本国による捜査や各種調査が認められると思料される。[注9]

（注５）　海上警備行動

自衛隊法第八二条（海上における警備行動）は、「長官は、海上における人命若しくは財産の保護又は治安の維持のため特別の必要がある場合には、内閣総理大臣の承認を得て、自衛隊の部隊に海上において必要な行動をとることを命ずることができる。」と規定し、同第九三条（海上における警備行動時の権限）により、警備行動を命ぜられた自衛官の職務執行について、警察官職務執行法及び海上保安庁法の権限規定を準用している。

なお、海上警備行動が行われる「特別の必要がある場合」については、「不審船舶による海上交通の著しい阻害、頻発な海賊的行為に対し海上保安庁が対処できない事態をいう」（『防衛二法の解説』行財政問題調査研究会編）とされている。

（注６）　国際法上の軍艦の特権

「軍艦の特権的地位はまず不可侵権と治外法権に分れる。不可侵権として、沿岸国の官憲は艦長の同意なくして軍艦に立入れない。（中略）次に治外法権として、軍艦は沿岸国の管轄権、とくに司法権（裁判権　警察権）に服さない。軍艦が沿岸国の航海・衛生・警察等の法令に従うべきことは当然だが、その違反に対して沿岸国は権力的に処罰を為しえず、外交的に退去を要求しうるのみである。（中略）軍艦の乗組員が上陸したときはやや事情が違う。第一に彼等は沿岸国の同意なしには上陸しえず、同意なしに上陸すればいかなる特権も認められず、かつ沿岸国はこれを追返して差支えない。沿岸国の同意の上で上陸した場合は、公用外の上陸ならば、沿岸国の司法権に服し、公用の上陸ならば沿岸国の司法権を免除され本国のそれに服する。」（『新版国際法概論上』高野雄一著）

「軍艦その他の非商業目的のために用いられる政府船舶（警察船、巡視船、税関船、病院船など）は、国際法上一般に免除を享有するので、外国の内水に在ってもその管轄権に服さない。（中略）軍艦は、外国の港に入港・停泊中に生じた事実についても完全な免除を享有し、旗国の専属的な管轄権に服する。したがって沿岸国は、航行・保健衛生に関するものなどその法令の遵守を要求はできるが、軍艦がこれに従わないときは退去を求めうるだけであり、捜索・逮捕などその艦上で強制措置をとることはゆるされない。」（『国際法』山本草二著）

（注7）　海洋法に関する国際連合条約

第二九条　軍艦の定義

「この条約の適用上、「軍艦」とは、一の国の軍隊に属する船舶であつて、当該国の国籍を有するこのような船舶であることを示す外部標識を掲げ、当該国の政府によつて正式に任命されてその氏名が適当な軍役簿又は軍役簿に相当するものに記載されている士官の指揮の下にあり、かつ、正規の軍隊の規律に服する乗組員が配置されているものをいう。」

（注８）　公船舶の国際法上の取扱い

「軍艦、軍用機以外の公の（税関、警察用等の）船舶、航空機の外国における地位は軍艦、軍用機の場合と少し違う。かかる公の船舶は、軍艦のような不可侵権はもたない。治外法権は普通もっているが、軍艦の場合のように国際法上確立していない。（中略）国営貿易など商業目的に従事する船舶の扱いは国々によって区々であるが、特別の扱いをせず、商船なみに扱うことが多い。」（前掲『新版国際法概論上』）

（注９）　私船舶の国際法上の取扱い

「私の船舶、航空機は、一般の外国人と等しく、所在する外国の支配権に原則として服する。領海を無害通航する船舶には、船舶の内部事情に関してわずかに例外が認められる。航空機の場合、かかる例外は確立していない。」（前掲『新版国際法概論上』）

「沿岸国は、入港中の外国私船に対しては、領域主権に基づく各種の管轄権を行使できるとしながらも、実際にはその執行の範囲を限定する、という立場をとっている。（中略）わが国も戦前からフランス主義に従い、港の平和を害する犯罪、日本国民又は一般の乗客に関係する犯罪など、沿岸国としての刑事裁判権が及ぶ外国船舶の船内犯罪を特定してきた。」（前掲『国際法』）

（一九九六年一月脱稿）

第3章

外務省等の組織改革

焦点８

北朝鮮難民駆け込み事件と今後の難民対策

１　はじめに

「奉天」と聞くと、年配の方であれば、日露戦争の激戦地とすぐに答えるだろう。現在、この街は瀋陽と名前を変え、人口七〇〇万人を超える工業都市となっている。二〇〇二年五月八日、この瀋陽に所在する日本総領事館に北朝鮮難民の一家五人が駆け込み、警備に当たっていた中国の武装警察官に拘束されるという事件が発生した。最終的にこの一家はフィリピン経由で韓国に亡命することとなったが、本事件は日中間に重大な外交問題を生起するとともに、在外公館の脆弱な警備体制、難民問題に対する日本の姿勢など数々の問題点を浮き彫りにした。

２　マニュアルの欠如

この事件の当日朝、阿南駐中国大使が「不審者は追い返せ」と部下に指示していたことが明るみに出てマスコミの指弾を浴びた。しかし、日本が米国のアフガニスタン攻撃を全面的に支援した以上、日本の在外公館がテロ組織の標的とされるおそれは高く、不審者に対する警戒体制を強化することは当然だ。また、なるべく北朝鮮難民とのかかわり合いを避けたいというのが本音だったとしても、日本の国益という観点からすれば理解できないわけではない。北朝鮮難民を亡命させても日本としてのメリットは特になく、その一方で中国との外交関係の悪化というデメリットは極めて大きいからだ。

危機管理の観点で問題となるのは、テロの予防又は亡命事件の回避のいずれが目的であったにせよ、そのための具体的な対策を外務省側がどうしてとっていなかったのかという点である。総領事館の門扉が開放され、そこに配置されているのが警備員一人（本来は二人配置だが、一人は別用務で外出中）という状況であれば、不審者が敷地内に侵入するのを防ぐのは極めて困難である。門扉を常時閉鎖し、来訪者については身元をチェックしてから入館させるようにしていれば、そもそも今回のような事態は発生しなかったはずだ。

ちなみに、米国の在外公館は、武装した海兵隊員によって警備され、門扉にも電子式の開閉装置や回転式の鉄扉を設置して一度に一人ずつしか通れない構造になっている。今回の事件でも、難民一家は米国総領事館への亡命を当初考えていたが、敷地内に駆け込むのは不可能ということで亡命先を日本に切り替えている。

在外公館の警備がこのようにお粗末だった理由について、警備を厳重にすると来訪者に不快な印象を与えてしまうためと外務省では説明しているが、テロリストと対決しているという自覚が不足していると言わざるを得ない。このほかにも、館内に侵入した難民の身柄を確保した警備員から領事館員への報告が遅れたこと、正門付近で対応に当たった二人の副領事と他の館員との間の連絡が不十分だったこと、正門付近を監視するビデオカメラが無くて事件発生時の模様を総領事館側で把握できなかったことなど、数々の問題点が明らかになっている。要するに、総領事館側にはこのような事態に対する準備が全くできていなかったということだ。

この点に対して、与党自民党の内部から不適切な対応をした副領事たちを処分せよという声が上がっているが、これは組織としての危機管理の失敗を個人責任に矮小化する議論である。武装警察の帽子を拾ってやっていた副領事は厚生労働省からの出向者であり、亡命者の連行を巡って中国側と交渉したのは山口県警からの出向者だ。現時点では外交官の肩書きを持っているとはいえ、突発的な外交問題に対する彼らの対応力は弱くて当然である。また、副領事というと厳めしく聞こえるが、在外公館のヒエラルキーでは一番下にすぎない。これまでの外務省の卑屈なまでの中国寄りの姿勢を見ても、この両名に毅然とした対応をとれと要求する方が無理というものだ。

この事件の直前にも北京のスペイン大使館に同様の北朝鮮難民駆け込み事件が発生していたことに加えて、瀋陽周辺に多数の北朝鮮難民が潜伏していることは周知の事実であり、今回の事件も十分に発生が予測できるものだった。それにもかかわらず、外務省側が亡命事案に対する備えを怠り、対応マニュアルをあらかじめ作成していなかったことは完全な失態である。平成八年の「在ペルー日本大使公邸占拠事件」を受けて、外務省では在外公館の警備強化など危機管理体制の整備を実施したはずだが、今回の事件を見る限りでは、「絵に描いた餅」であったと言わざるを得ない。

また、亡命者の取扱いについては出入国管理法にも問題があった。同法の第六一条の二では、「法務大臣は、本邦にある外国人から法務省令で定める手続により申請があつたときは、その提出した資料に基づき、その者が難民である旨の認定を行うことができる」（傍線筆者）と定めている。ところが在外公館は我が国の領土ではないので、在外公館に駆け込んだ亡命者のケースは現在の出入国管理法ではカバーされていないのだ。有事法制論議と全く同様だが、緊急事態が発生しないように願うだけで、緊急事態に対する具体的な備えをしようとしない日本という国家の体質がよく現れている。

3　武装警察に対する抗議のポイント

国際法上では、在外公館に駆け込んだ亡命希望者を保護する権利なるものは確立していない。あくまでも人道上の立場から、外交活動のために在外公館に与えられている不可侵権を目的外運用して事実上の保護を与えているというのが実態である。この不可侵権を規定したのが「領事関係に関するウィーン条約」であり、その第三一条で接受国（今回の場合には中国）の官憲は在外公館側の同意がある場合を除いてその施設に立ち入ってはならないと定めている。この条約に日本はもちろんのこと中国も加入している。今回の事件では、この不可侵規定をもとにして日本側が中国武装警察の館内侵入を抗議したが、これに対して中国側は、同条約が接受国に在外公館の安全を確保する義務を課していることを掲げて反論している。

この問題を議論するに当たっては、門の付近で三人を拘束したケースと、館内に立ち入って二人を拘束したケースを分けて考えることが必要だ。前者のケースで公館の敷地内に若干踏み込んだ三人を引きずり戻したこと、そのために武装警察官が公館の敷地内部に若干立ち入ったことについては、中国側の主張に理がある。敷地内に侵入者が一歩でも踏み込んだら警察は手も足も出ないというのでは、在外公館の安全確保などできるものではないからだ。これは侵入者がテロリストのケースを想定してみれば自明のことである。そして、侵入者の拘束のために敷地内に警察官がわずかに立ち入ったとしても、その程度の緊急避難的行為は在外公館の安全確保の観点から許容されるべきだ。

実は、日本警察でも同様の警備措置をとったことがある。九八年五月、在京中国大使館で不審者が門の隙間を抜けて大使館内に走り込む事件が発生した際、警備中の日本警察官五人が敷地内に入ってこの男を取り押さえた。当時、中国大使館は日本警察の対応に何の抗議も行っておらず、現場でも不審者の身柄の確保を日本警察官が中国側職員と共同で行っているが、立入り時に大使館側の明確な同意を得ていないという点では今回の事件と大きな違いはない。

この点について、「可哀相な難民を不審者と一緒にするな」という議論もあるようだが、これは難民だと判明した現時点だから言えることだ。現場の警察官としては、まず侵入者の身柄を拘束して身元を確認しようとするのは当然の任務である。相手が女性だからといって、対応を緩くしてよい理由とはならない。中東の自爆テロ事件でも、犯人が女性の事案が多発している。子供連れというのも、こちらの警戒心を緩めるための偽装かもしれないと疑ってかかるのが警備の基本である。

次に、後者のケースでも、侵入者が領事館内でテロ行為に及んでいるかもしれないと危惧した武装警察官が館内に立ち入ったことについては、少なくとも日本側が拒否の意思表示をしていないことを認めているので、緊急避難的行為として理解する余地がある。問題は、侵入した二人が査証申請室でおとなしく椅子に座っていたのを確認したのに、武装警察官が有無を言わさず二人を連行したことだ。

侵入者が害意のないことを明らかにした時点で、中国側の主張する在外公館の安全確保上の緊急性は消滅したと考えられる。したがって、それ以後の行動については、武装警察官は逐一日本側の同意を得ることが不可欠であった。中国側に抗議する際には、このポイントを明確にしなければならない。マスコミをはじめとする日本側の論調は、何もかも一括りにして「主権侵害」と騒いでいるように感じられるが、論点を整理せずに感情的な非難をいくらぶつけても何の説得力もないことを自戒すべきだ。

４　実態把握の遅れ

外務省からの第一報が官邸にもたらされたのは、事件発生から約二時間後の八日午後五時ごろのことだった。しかし、小泉首相には緊急事態との認識がなく、同夜の記者会見でも「外国のことでもあるので、よく調査して冷静に慎重にやりなさいと指示した」とのんびり答えている。この事態が一変したのは、翌九日夜にテレビで現場の模様を伝える生々しい映像が流されてからだ。

一〇日朝、小泉首相は川口外相を官邸に呼び、外務省の情報連絡の遅れを厳しく叱責した。しかし、遅くとも九日朝までには、首相が事実関係の概要を把握していたことは間違いない。事件の模様が撮影されていることも、このビデオ全盛の時代には当然に予想されたことだ。それが放映された場合に世論にどのようなインパクトを与えるかを計算できなかったのは、ひとえに首相の見識不足であり、それを糊塗するために外務省を槍玉に挙げたにすぎない。

しかし、その後の外務省の調査活動はまさしく拙劣であった。事実関係の調査のため派遣された小野領事移住部長が瀋陽に到着したのは一一日朝のことだが、中国側は早くも一〇日午後一〇時に北朝鮮難民の連行について総領事館側の同意があった旨を日本側に通告し、一一日からは新華社などの中国メディアが中国外務省談話を一斉に発信し始めた。これに対して、一三日朝になって外務省の事務方がようやく取りまとめた報告書には、「領事館員が同意した事実はなかった」との結論が書いてあるだけで、中国側との具体的やり取りは全く示されていなかった。そして、「後で別のビデオが出てきて、報告書と違う事実が判明するおそれはないのか」という質問に、担当の田中アジア太平洋州局長が「我々もそれを心配している」と答える情けなさである。

その後も、中国側が実名入りで現場のやり取りを詳しく再現した上で、日本側の把握していない新事実を次々と明らかにしたのに対して、日本側の報告は過去の説明との食い違いが何点も指摘され、外務省の緊急対応力の低さを露呈する結果となった。さらに、現地調査を行った民主党の調査団からも、副領事が武装警察の隊長と握手をしていたなどの新事実を指摘されるとともに、大使館内部での阿南大使の言動が次々にリークされるなど情報管理の失態も相次いだ。

武装警察官の館内立入りや五人の連行に際して領事館員が同意したかどうかについては依然として「藪の中」だが、少なくとも中国側は、迅速な調査と詳細にわたる発表によって、「日本側の説明がおかしいのではないか」というイメージを発信することに成功したと言えよう。もともと情報戦では、情報の統制と一枚岩の対応が可能な社会主義国が非常に有利である上に、外務省側の対応がこれほどお粗末では到底太刀打ちできるものではない。

また、今回の事件では、民主党の「野党体質」がはしなくも露呈された。同党の鳩山代表は、早くも一二日の時点で、「映像を見る限り中国側の説明の方が正しいと思わざるを得ない」とまで発言している。その後も、前述のように現地入りした民主党調査団は、外務省報告の信用性を揺るがせる発表を行った。しかし、外交交渉は国家としての「意志」のぶつかり合いであって、真実の究明を行う裁判ではない。日本国としていったん方針を決めて中国との交渉を開始したからには、できる限りそれで押し通すことが必要であり、国内の党利党略を外交に優先させることがあってはならない。たとえこちらの主張が嘘であったとしても、国益のためであればあえて主張を曲げない鉄面皮が必要とされるのである。まるで中学校の学級会のようなセンスで外交に介入する民主党の感覚は、かつての社会党のような「万年野党」のものだ。

5 チャイナスクールの暗躍

昨年四月に台湾前総統の李登輝氏の訪日問題が持ち上がった際に、森首相からビザを発給するように明確な指示が出されているにもかかわらず、中国の反発を恐れた当時の槙田アジア太平洋州局長が李氏の訪日阻止を画策したことは記憶に新しい。亡命に関するものでも、六三年一〇月に東京滞在中の中国代表団の通訳が台湾への亡命を図ろうとした周鴻慶事件では、日本外務省がいったん彼を保護したにもかかわらず、後に中国に身柄を引き渡したという『前科』がある。

このような外務省の過度の中国寄り姿勢の背後に見え隠れするのは「チャイナスクール」の存在だ。この「スクール」とは、語学研修歴＝特定地域に対する専門性によって色分けされる外務省内の派閥であり、中国語を専門とする派閥が「チャイナスクール」である。ちなみに、「追い返せ」発言で指弾を浴びた阿南大使は、過去にも外務省中国課長、駐中国公使等の中国関係のポストを渡り歩き、この「チャイナスクール」のトップに君臨する人物である。

外務省内の数ある「スクール」の中でも、「ロシアンスクール」と「チャイナスクール」は、相手がロシアと中国という大国である一方で、他の国や地域ではあまり利用価値のない言語であることから、関係者が閉鎖的になっているとの指摘がかねてからなされていた。今回の事件で報告書の取りまとめを担当した中国課は「チャイナスクール」の牙城だが、北朝鮮難民から亡命を求める書簡を副領事が手渡されていた事実などを独断で隠蔽してしまった。

そのため、中国側発表や民主党の調査により毎日のように『新事実』が発覚し、そのたびに外務省が慌てて調査して追認するという醜態が繰り返された。五月一五日の記者会見では、「外務省は嘘をついていたということか」と質問された外務省の服部報道官が「私もそう思う」と答える有様であり、中国課の独善的な対応が日本側調査の信頼性を大きく損ねる結果となった。外務省は平成二年の湾岸危機をきっかけに、省全体としての政策調整を図る機関として総合政策局を新設して、地域担当の部局に対するお目付け役としていたが、今回の一件で中国課の暴走を防げなかったことは、この総合政策局が全く機能していない現実を示すものだ。

「チャイナスクール」は、中国との友好関係を最優先するあまり、できるだけ中国当局との対立を避け、中国側の意向を尊重することが体質となってしまっている。「（中国関係で）出世するためには中国側から評価されなければならない」という摩訶不思議な人事が外務省内でまかり通るのもそのためだ。今回の事件では、泣き叫ぶ難民を前に武装警察官の落とした帽子を拾う副領事の姿に多くの日本人が憤慨したが、この屈辱的な光景はこれまでの日本の対中姿勢そのものである。

「チャイナスクール」が、このように中国の代弁者と化してしまったのは、本来官僚を制御する立場にある政治家の側にも原因がある。靖国問題や歴史教科書問題での日本の政治家の軟弱ぶりを幾度となく見せつけられれば、中国政府の主張に迎合する方が官僚として賢明な処世術であることは間違いない。特に、故・田中元首相が日中国交正常化を成し遂げて以来、旧田中派の系統につながる橋本派が中国と密接な関係を築いて「チャイナスクール」の後ろ盾となったことが、さらに彼らの独善性を助長する結果となっている。

なお、鈴木宗男議員の対ロシア援助私物化疑惑に見られるように、かねてから日本のＯＤＡについては一部の政治家の利権と化しているとの噂が絶えないが、橋本派の親中姿勢の背後にもＯＤＡ問題が存在するとの指摘がある。実は、四月に北京の日本大使館で開かれた全体会議で中国マクロ経済報告が議論された際、中国政府が目標とする七パーセントの経済成長に対して楽観的な見通しが報告書に盛り込まれていたところ、阿南大使が「こんな内容では、中国にはＯＤＡは必要ないということになる」と書き直しを指示したことが発覚している。平成一三年度の日本の対中ＯＤＡは一六〇〇億円に達しており、その巨額の利権構造を崩さないように「チャイナスクール」を通じて日本の対中姿勢がゆがめられているとすれば、まさに本末転倒としか言いようがない。

❻ 北朝鮮難民の脅威

二〇〇二年、北朝鮮では故金日成主席の生誕九〇周年と朝鮮人民軍創設七〇周年が重なるとともに、日韓共同開催のワールドカップに対抗したアリラン祭も開かれるなど、大規模な式典が連続した。しかし、その華やかなイベントの裏で、国内の食糧事情は極度に悪化し、餓死者が続出している状況だ。その原因は農業政策の失敗につきる。

北朝鮮では非科学的な「主体農法」という農業政策を採用したことにより農業生産性が次第に低下し、八〇年代から食糧配給の遅れが目立つようになった。そして九〇年代に入ると、北朝鮮が安価で農作物を輸入していたソ連・東欧の共産主義体制が相次いで崩壊し、更に九四・九五年の水害で広大な農地が荒野に変わったことにより、北朝鮮の食糧行政は完全に破綻した。現在では諸外国や国際機関からの食糧援助に依存せざるを得ない状態となり、配給は人民軍関係者や労働党員などのエリート階層に向けられ、一般住民への配給は有名無実と化している。

この食糧事情の逼迫によって生み出された膨大な難民が中国に流入し、その数は一〇～三〇万人に達すると推定されている。これまで北朝鮮難民は、中国国内の少数民族となっている約二〇〇万人の朝鮮族同胞の助けを借りてカネを貯め、出国に必要な偽造書類（数十万円の費用がかかる。）を調達していた。しかし、最近中国政府が北朝鮮難民への取締りを強化したことから、北朝鮮に送還される難民の数が増え、資金が貯まるのを待てなくなった難民がＮＧＯと連絡を取り、外国公館への駆け込みを行うまでになった。

マスコミでは「亡命者」と一括りにしているが、「母国で政治的迫害を受けるおそれがあるために外国政府の庇護を求める者＝政治亡命者」と、「母国での経済的困窮を逃れて外国でのより良い生活を希望する者＝経済難民」に大別される。そして、前者の政治亡命者を庇護することは国際慣習となっているが、後者の経済難民についてはむしろ本国に送還するというのがグローバルスタンダードである。我が国の出入国管理法でも、難民条約に基づいて「人種、宗教、国籍若しくは特定の社会的集団の構成員であること又は政治的意見を理由に迫害を受けるおそれがある」ことを難民の要件としており、経済難民は対象外とされている。

飢餓から逃れるためという事情には同情するが、北朝鮮難民の多くが経済難民に該当するのは異論のないところだ。人道的な配慮から経済難民に対しても保護を与えるべきという意見もあるだろうが、この問題を決して簡単に考えてはならない。途上国との経済格差に起因する経済難民の流入に先進諸国はどこも頭を抱えているというのが実態であり、伝統的に亡命者に対して非常に寛容なフランスも経済難民の受け入れには消極姿勢を取っている。北朝鮮という国家が破綻寸前であることは既に様々な報道でも明らかにされているが、そういう点では二千数百万の北朝鮮国民の大半が潜在的な経済難民と考えられ、彼らが周辺諸国に大量脱出すれば重大な事態となる。

実は、韓国でも北朝鮮からの経済難民の急増は頭の痛い問題となっている。韓国政府としては、同胞である「脱北者」をすべて受け入れるという基本方針を維持しているが、彼らの社会適応のために設置された支援施設「ハナ院」（収容定員二二〇人）はパンク状態だ。また、新生活の支援のために定着支援金を支給したり、公共住宅に優先的に入居させたりするなどの対策を実施しているが、それでも韓国社会になじめずにドロップアウトしたり、犯罪に手を染めたりする者が続出している。

韓国政府の本音は、「脱北者」の人数が加速度的に膨れ上がるのは避けたいというところであり、今回の事件に対する韓国政府の反応が非常に抑制的なのもそのためだ。事件直後の一七日には、北京の韓国大使館に保護を求めた北朝鮮難民に対して、大使館側が「担当者がいないから」とカネを渡して退去させるという珍事まで発生した。

中国の趙啓正・対外広報公室主任は、自民党の有力者に対して、「そこまで日本が人道主義を強調されるのであれば、日本の在外公館に対する警備を緩めてもよい（＝北朝鮮難民がどんどん日本の在外公館に入れるようにする）」と発言したと伝えられている。これは決してブラフではない。中国としては北朝鮮難民の増加に手を焼いており、今のところは友邦国北朝鮮に配慮して取締りを続けているにすぎない状況だ。そして北朝鮮当局も、食糧危機の現状を踏まえ、一般市民が中国に不法出国するケースについては対応を緩めつつある。食糧の配給さえおぼつかない以上、一般住民については「棄民」扱いしているのだ。今後は、日本や韓国からの援助を引き出すための方策として、むしろ難民を政治的に利用しようとすることも十分に考えられる。

近い将来、数千、数万、あるいは数十万人の北朝鮮難民が日本領事館に押し寄せ、あるいは船を仕立てて日本海岸に漂着する事態となった場合、前述のように韓国の受け入れ態勢は不十分なので、我が国としても相当数の難民を国内に移送して面倒を見ざるを得ない。この場合に参考となるのは八〇年代のインドシナ難民問題だが、九州沿岸に相次いで漂着した難民の収容や破損船舶の処置などを巡って地元自治体や関係省庁は大騒ぎとなり、その対応に疲労困憊した入管職員が過労死したほどだ。この時は年間千人程度の難民であったにもかかわらず、それだけの窮状に至ってしまったことを考えれば、大量の北朝鮮難民の流入が、単なる人道問題を超えた緊急事態に発展する可能性は十分にある。居住施設の確保、生活物資の調達、定住支援のための教養などに莫大な支出が必要とされるのに加えて、周辺住民との摩擦、貧困に起因する犯罪の発生などの社会的コストは計り知れない。

人道主義は非常に結構なことだが、それに伴う負担を引き受ける準備があるかどうかをまず議論すべきである。そのような覚悟なしに薄っぺらな抗議を繰り返しても、結局は相手に足元を見られるだけだろう。

（二〇〇二年五月脱稿）

焦点9

機密費流用事件と外務省改革の展望

1 はじめに

田中外相と外務官僚との確執は、今や国民の間でワイドショー的な話題となり、女性週刊誌にまで「真紀子ｖｓ外務官僚のドロ沼決戦」という見出しが載るほどだ。田中外相が登場する国会中継はかつてない高視聴率を獲得し、まさに「政治の劇場化」とも言うべき状況を呈している。

しかし、一八七の出先機関と五二〇〇余名の職員を抱える外務省が、機密費流用事件や情報漏洩事件などで露呈したように、様々な構造的問題を抱えていることは明らかだ。外交は国政の中でも最も基本的かつ重要な機能である以上、田中外相が進めようとしている外務省改革を一過性の芸能ニュースのように取り扱うべきではない。

既に外務省では、二〇〇一年六月に「外務省改革要綱」を発表し、組織改革を推進することを表明している。監察査察官の任命、監察室の新設等の監察体制の強化、政府要人の外国訪問に関する業務の整理統合、外相自らによる外交機密費の管理などがその主な内容だ。この要綱を実行に移すために、副大臣を中心とするプロジェクトチームも設置された。

ただし、田中外相に対する外務官僚の抵抗を見る限り、今回の改革が順調に進展するかどうか、決して予断を許さない。そして何よりも、今回の改革要綱では既に表面化した事件の後始末に力点が置かれ、そのような不祥事を生み出している構造的な問題に対するアプローチが不足している点が懸念される。

本稿では、組織の要であるヒトとカネの面に論点をしぼって、外務省、そして官僚社会が抱える構造的な問題を解説し、外務省改革の将来像を展望することとしたい。

2 限定された人事権

田中外相は、就任早々に外務省内の人事異動の凍結を言い渡し、二島先行返還論の是非を巡って英国公使に更迭された小寺氏をロシア課長に復帰させ、オランダ大使に栄転予定の東郷前欧州局長を呼び戻すなどの強硬措置をとった。人事異動は官僚社会において常に最大の関心事であり、外務官僚もその例外ではない。田中外相が大臣としての人事権限を用いて外務官僚を操作しようと考えているのはよく理解できるが、そう簡単にはいかないのが現実だ。

国家公務員には俸給表という制度があり、給与の等級の形で各官僚のランク付けがなされている。例えば、省庁によって若干の違いがあるが、本省の課長クラスで一〇級、課長補佐クラスで七級程度の指定を受けている。この俸給表制度によって、官僚の人事異動には一定の箍（たが）が嵌（は）められているのだ。

田中外相がある官僚を左遷しようとしても、異動先の範囲は、その等級にふさわしい役職に限定され、一〇級の官僚を七級のポストに更迭するような真似はできない。もちろん、様々な法令や規則で手厚く保護された官僚に対して、降格やクビなどの厳しい処分を行うことは、たとえ大臣といえども実質的に不可能だ。

また、局長級以上の大幹部ともなると、その任免については閣議にかけて了解を得ることが必要である。たとえ田中外相がドラスティックな人事を発令しようとしても、閣議の場で他の「穏健」な閣僚から横槍が入ることとなるだろう。

3 短すぎる大臣の任期

さらに問題なのは、官僚の側が「どうせ大臣は一年くらいですぐに替わる」と認識している点だ。実際、頻繁な内閣改造のために、最近の閣僚の任期は平均して一年に満たない。

そのくらいであれば、頭をじっと下げていれば台風のように通り過ぎてしまうと考え、改革に消極的な官僚が続出するのも当然だろう。田中外相のお先棒をかついで省内を引っ掻き回したりすれば、先輩諸兄に睨まれて、外相の退陣後はずっと冷や飯を食わされることになりかねないからだ。

たとえ田中外相の逆鱗に触れて左遷されたとしても、俸給表制度のおかげで、そこそこの役職が確保されている。部内では「外務省を守るために田中大臣に抵抗した」として評価され、一年間ほど我慢すれば、次の外相が就任した際に良いポストに推挙してもらえると計算しているはずだ。

このように考えていくと、大臣の持つ人事権は官僚に対してそれほどの威嚇力がないと言わざるを得ない。これは何も外務省に限ったことではなく、霞が関のすべての省庁に共通する問題だが、官僚の側としては、腰掛けの大臣よりも、長い付き合いである自民党の○○族議員の方がずっと怖いというのが実情である。

このような人事上のジレンマを解決する最も簡単な方法は、閣僚の交替を一部凍結することだ。小泉首相は中途の内閣改造を行わないことを持論としているが、これは政治が行政に対する主導権を回復する上で非常に賢明な手法である。また、今回の外務省のように改革の焦点となる省庁については、与党間の申し合わせとして、たとえ総理が退陣しても最低三年間はその大臣を据え置くことを政治公約することも一つの手法として考えられる。

もちろん、選挙で与野党が入れ替われば、この公約は反故とならざるを得ないが、現大臣がその椅子に長期にわたって座り続ける可能性が高いとなれば、官僚の姿勢もおのずと変化するはずだ。あの石原都知事が強いリーダーシップを発揮できるのも、その大衆的な人気もさることながら、自治体の首長が四年間という確定した任期を持つことが大きく影響していると考えられる。

4　現代版足高の制

官僚人事の問題を抜本的に解決するとすれば、かつて将軍吉宗が実施した「足高の制」を現代風にアレンジして導入することが考えられる。

現代の俸給表と同様に、江戸幕府では役職ごとに石高が設定され、人材登用上の大きな障害となっていた。幕府財政が逼迫した江戸後期には、抜擢した人物に大幅な加増をするような財政的余裕がなかったからだ（当時の制度では、加増された石高は「家禄」として子々孫々にまで受け継がれるために、永続的な固定費用と化す。）。そこで吉宗は「足高の制」を定め、禄高の低い者を登用する際には、役職の石高との差額分を在職中に限り補填することとしたのである。

現代版足高の制としては、次のようなものが考えられる。まず官僚の等級を本省の課長クラスで打ち止めとして、該当者を「管理職待命組」にプールする。そして、その中から適任者を引き抜いて課長、局長等の役職に登用し、そのポストに見合う給与の差額分をプラスアルファとして在職中に限って支給すればよい。

この現代版足高の制が導入されれば、優秀な人材はどんどん抜擢され、その一方で成果を挙げられなかった官僚は「管理職待命組」に逆戻りとなるため、大臣の人事権は十分に発揮される。特に、重要ポストは「管理職待命組」の中での奪い合いとなるから、官僚同士の競争も活性化されるはずだ。

実は、米軍では将官クラスの人事に同種のシステムを採用している。第二次大戦で連合軍最高司令官となったアイゼンハワーは、大戦勃発時の階級は大佐にすぎなかったが、相次ぐ抜擢により数年で大将に昇任した。この人事の柔軟性が米軍の強さの一因となっていたことは疑いの余地がない。

いずれにしても、人事は官僚操縦の切り札である。かつては官僚の人事に政治家が介入できないようにした方が、行政の安定化のために良かったかも知れない。しかし、官僚の守旧的な思考方式では、この変化の時代に対応できないことは既に明らかになっている。行政改革の推進のために政治のリーダーシップが不可欠とされている今日、官僚に対する人事権を政治の手に取り戻すための方策を真剣に検討すべきだろう。

5 機密費がプールされていた理由

次に機密費流用事件について触れることとしよう。なお、予算上の正式名称は「報償費」であるが、本稿では通称の「機密費」をそのまま使うこととする。

もともと外務省はカネにルーズなところがあり、この事件の前後にも、在豪大使館員が公金を流用したことが発覚し、さらにキューバ大使（故人）が退職後に開く予定のレストランの家具を公費で購入したとの疑惑が取り沙汰された。しかし、今回の機密費流用事件は単なる個人の不正ではなく、組織がかりで資金がプールされていたという点で、これまでのケースとは明らかに異なるものだ。

問題となった機密費は、政府要人が外国を訪問する際に随行者の宿泊費補塡に充てるために支給されていた。なぜこのような措置をとるかというと、旅費関係の法令では、宿泊費の支給に一定の限度額が設けられていたからだ。

一国の代表、そしてそれに随行する職員が宿泊するのは、それなりの格式がある高級ホテルである。当然、支給された宿泊費と実際のホテル代との差額が生じるが、それを随行員が自腹で支払うというのはあまりに不都合だ。そこで、機密費からその差額分を補塡するという運用が長く続けられていたのだ。ちなみに、国家公務員旅費法の改正により宿泊費の全額が支給されることとなったため、現在では機密費から補塡する必要はなくなっている。

詐欺容疑で逮捕された松尾元室長は、政府要人の外国訪問のロジ担当として機密費の処理を一任されていた。この機密費を「機動的」に運用するために、機密費をプールしておく口座を開設し、随行者にその口座のクレジットカードを渡して決済させることを発案したのも元室長のようだ。

その点では、会計規則上の問題はあるものの、少なくとも最初の段階では、元室長が個人的に横領しようとしたわけではなく、むしろ組織のために活動していたことになる。そして、元室長から決済用のクレジットカードを渡された外務省関係者は、機密費の運用について当然に承知していたはずだ。

6 裏金の使途

こうしてプールされた機密費が、いつの時点からか明らかでないが、外務省内で「裏金」として使われ始めたというわけだ。このような経費の流用は、程度の差はあっても、かつては多くの官庁で行われていたことであり、以前に多数の地方自治体で発覚したカラ出張問題も裏金の捻出が目的だった。

裏金の使途としては、やはり懇親会などの飲食関係が中心である。もともと日本人は、オフィスでの議論は建前に終始し、本音の話は酒席の場でないと始まらないところがある。また、数十人以上の部下を持つ幹部ともなると、その冠婚葬祭関係だけでも大変な出費だ。米国のようにビジネスライクに割り切ることができない日本的な組織は、こういったインフォーマルな面を多分に残しているが、会計上はそのような支出を認められるはずがない。その結果、様々な便法を使って裏金を捻出する慣行が広まっていたのだ。

そういう意味では、松尾元室長は、外務省のために「必要悪」として裏金を調達していたとも言えよう。ただし、そうやってプールされた裏金が、外務官僚の間で乱脈に費消されていた疑いは極めて濃い。官邸などから受け取った公金は約一〇億八〇〇〇万円、そのうち本来の目的である宿泊費等の補填にあてられたのは約二億五〇〇〇万円にすぎない。口座の残金や元室長が個人的に費消した金額を除いても、三億数千万円もの大金が使途不明となっている。松尾元室長の在職期間で計算すると、一年間に約六〇〇〇万円だ。これが外務省関係者の間で使われた裏金と推定されるが、「必要悪」と弁護できる範囲をはるかに超えていることは明らかである。

7 裏金は必ず腐敗する

外務省の調査では、松尾元室長に「接待」された経験のある幹部は五九一人中一二人ということだが、この調査は「記名式」のアンケートで実施されているため、ここで正直に回答したのは、もはや言い逃れできないと観念した者くらいだろう。実際には外務省内部でもっと広範に飲食接待がなされていたと考えるのが自然である。

幹部としては最も格下の室長で、しかもノンキャリアの松尾氏に飲食代金を払ってもらうというのは普通では考えられないことだ。元室長が裏金を扱っていることを承知の上で、飲み食いのツケを回していたというのが実情に違いない。もちろん、松尾元室長自身も、マンションや競走馬の購入、さらには女性との手切れ金などに湯水のように費消していた。

当初は「必要悪」として始められたものが、このようになし崩し的に腐敗していくのは、やはり裏金であるからだ。違法と承知の上で裏金を使用していれば、関係者の感覚が少しずつ麻痺していくことは避けられない。そして、裏金をいったんプールしてしまえば、それを費消する際には何のチェックもない以上、個人的な欲望を抑えられなくなるのはむしろ当然である。

結局のところ、裏金が作られれば、当初の目的がどんなに意味のあるものであっても、その運用は必ず腐敗していくことになる。これは、官庁でも民間でも同じことだ。その点では、今回の事件を松尾元室長の個人的犯罪に矮小化することなく、同種事件の再発を防止するためにはどうしたらよいかという観点で議論しなければならない。

8　裏金の根絶方策

「外務省改革要綱」では、外交機密費を外務大臣自らが決裁することで対応しようとしているが、機密費関係の決裁は年間で約一万件に達しており、十分なチェックができるかどうか疑問である。また、機密費だけを封じても、裏金を必要とする構造が残存すれば、必ず抜け道が生まれてくるものだ。

したがって、裏金問題を根絶する最良の方法は、本当に職務上必要な経費については、建前論に拘泥せずに、正規に予算化することである。前述のような日本人の気質がなかなか変化するものではない以上、民間と同様に管理職の裁量で支出できる交際費もある程度は認めるべきだろう。

また、部下職員に対して飲食をふるまうのを管理の常道としている幹部が多すぎることも問題である。

ニコニコ笑いながら部下の肩をポンと叩くしか能がない「ニコポン管理職」としては、部下に酒をおごったりしなければ上司の権威を維持できないのだ。今後は管理職間の競争を活性化させて、能力の低い管理職を淘汰していくことが必要であろう。

なお、機密費問題については、機密費の存在そのものを「悪」ととらえる論調がある。機密費については情報公開の対象としないというのが政府の方針だが、この非公開性＝悪と短絡的に断じているようだ。しかし、支出先を公開できない経費というものは現実に必要である。例えば、外務省の場合であれば、外交に関する機密情報を日本側に提供してくれる相手は多大のリスクを負っている。日本側が秘密保持に格段の配慮をしなければ、機密情報を渡そうとする者はいなくなってしまうことだろう。

もっともこれまでは、外交機密費の大半は外交関係者同士のパーティなどで費消されているようであり、このようなカネまで機密費で処理する必要があるのか疑問が残る。機密費の名に値するような情報収集活動をもっと活発化してもらいたいものだ。

（二〇〇一年七月脱稿）

〈追　記〉

本稿の発表後、田中外相の更迭、鈴木宗男元官房副長官のＯＤＡ事業私物化の発覚など外務省はワイドショーのネタを次々と提供してきたが、その一方で、肝心の外務省改革については具体的な進展がほとんど見受けられない。執筆当時に、霞が関の構造的問題に関する議論が不足していたことに対し筆者が抱いていた危惧が現実のものとなったように思われる。国民もマスコミも、表面的なものばかりを追求していく姿勢では、「人の噂も七五日」、持久力を最大の武器とする官僚側に到底太刀打ちできないことをそろそろ認識してもよいのではないだろうか。

焦点10

ペルー事件報告書と今後の課題

1 はじめに

平成八年一二月一七日、テログループMRTAの一団が天皇誕生日祝賀レセプションを開催中の在ペルー日本大使公邸を急襲し、多数の招待客や大使館員を人質とする事件が発生したが、翌年四月二二日、ペルー軍特殊部隊の救出作戦（チャビン・デ・ワンタル作戦）により、人質一人を含む三人の犠牲者が出たものの、七一人の人質が実に四か月ぶりに救出された。外務省においては、この事件の経験を今後のテロ対策上の教訓とするために、外務大臣の命により林事務次官を長とする「在ペルー日本大使公邸占拠事件調査委員会」を設置し、平成九年六月に調査報告書を公表したところであるが、残念ながらこの報告書の内容やこれに対するマスコミの論調などには、危機管理の実務上疑問に感じられる点が少なくないことから、本稿においては、この報告書を素材としてテロ対策の今後の課題について論じることとする。

2 テロと対決する姿勢

1　「テロとの対決」と「人命の尊重」

今回の事件については、日本政府の対応が人命の尊重にこだわりすぎた結果として、テロとの対決という面については言葉だけで実質が伴っていなかったと多くの論者が指摘しているところである。これに対して外務省の報告書は、「テロに屈せず、人命を尊重していくという二つの重要な命題をどのように実現するのか、という困難な問題への取り組みは依然残されている」とまるで新聞の社説のように問題提起しているだけであって、両命題について今後どのように考えていくのかという肝心の点については何の指針も示していない。そもそも「テロとの対決」と「人命の尊重」とを相互に対立する命題であるかのように位置付けている点で、この報告書は不見識であるという誹り(そし)を免れないのである。

何故にテロに屈してはならないのか、それはテロに屈するということが「テロの拡大再生産」につながり、将来においてより多くの人命がテロの危険に曝される結果をもたらすからである。その典型的な事例が日本赤軍のケースである。昭和五〇年のクアラルンプール事件において、日本赤軍の要求に日本政府が屈して服役囚五名を超法規的措置で解放したところ、今度はその釈放犯が中心となって昭和五二年にダッカハイジャック事件を敢行し、更に六名の服役囚を釈放しなければならなくなるという悪循環が発生し、テロへの屈伏が新たなテロを生むという「テロの拡大再生産」の危険性がまさしく実証されることとなった。

このような現実の教訓を踏まえて、テロに対する対決姿勢が国際社会に普及していったわけであって、この点で「テロとの対決」という命題は、基本的に「人命の尊重」と同義と考えられるのである。問題となるのは、『現在人質とされている方々の人命』と『将来テロの危険に曝される方々の人命』との間で、どのようにバランスを取っていくのかという点に過ぎない。両者を対立する命題ととらえることは、危機管理の実務から遊離した二者択一論争に発展し、その結果として本件報告書のように思考停止の状態に陥ることにつながりがちであるので、常に原点に立ち返って「テロとの対決」の本来の趣旨を確認することが必要である。

2　テロリストとの交渉

以上のような経緯に無知であるために、「テロとの対決」を「テロリストとは全く交渉の余地無し、問答無用で殲滅すべし」の意味と誤認している論者が少なくないようであるが、テロ対策に関する主要先進七か国及びロシアのオタワ閣僚宣言では「我々は、すべての国に対し、人質行為を非難し、犯人に対して実質的な譲歩を行うことを拒否し、人質の安全のために努力し、犯人が犯罪行為からいかなる利益を得ることも許さず、進行中の人質事件の解決のため、共同して精力的に行動し、犯人を裁判にかけるよう求める。」（傍線筆者）と表明しているように、「テロとの対決」という概念は、テロリストに対して『実質的でない譲歩』＝『テロの拡大再生産につながらないような譲歩』を行うことを決して否定するものではないのである。

今回の事件においても、ＭＲＴＡが囚人の釈放という『実質的な譲歩』に固執せずに、刑務所の処遇改善という「名目的な」勝利で満足して外国に亡命するという選択肢を選んでいれば、ペルー政府もあるいは交渉に応じていたかもしれない。ペルー政府としてはテロリストを処罰できないことが残念であろうが、人質が全員無事に解放され、更に受入れ国の方でＭＲＴＡがペルーに舞い戻ることができないように監視してくれるのであれば、テロ対策における実質的な前進であるという点で交渉が成立する可能性は相当に高かったと考えられるのである。結果論になるが、政府との交渉という最もビジネスライクに徹する必要がある局面において、服役中の女房の釈放という個人的動機に執着するセルパをリーダーとしていたことは、ＭＲＴＡの他のメンバーにとって不幸なことであったと言えよう。

３　事前通報問題

１　日本政府の意図

本件報告書においては、「(日本) 政府は、ペルー政府が公邸に対する強硬突入を実行する場合には、我が国政府に事前に通報し、了承を得るようペルー政府に申し入れてきた。」としながらも、「日本政府は事前に作戦を知らされていなかったが、これは状況からしてやむを得ない面がある。」とペルー政府の措置に理解を示しているところである。しかし、強行突入を成功させるためには、犯人側が油断して人質との間に物理的な距離が生じた一瞬の隙をとらえて、電光石火の如く瞬時に作戦を実施することが不可欠である。これは、多少とも治安問題についての知識を有している者にとっては当然のことであり、そもそも日本政府が何故に事前通報をペルー政府に要求していたのかという点が問題とされている。

一部の論者は、日本政府が軍事作戦に不慣れであるために、このような非常識な要求をペルー政府に行ったと一刀両断に非難している。しかし、政府の対策本部には警察庁や防衛庁の専門家も参加していたのであり、本件報告書においても、「政府部内においては、ペルー政府側が強行作戦を実施する場合を事前に想定し、ペルー側より事前に連絡がある場合、無い場合などに場合分けして、政府の具体的な対応ぶりについてシナリオを検討していた。」（傍線筆者）と説明しているように、強行突入に当たってペルー側から事前通報がなされないことを日本政府においてもかねてから予想していたことがうかがえるのであり、前述のような非難は明らかに的外れである。

このあたりの事情については当時の諸状況から推察するしかないが、筆者としては、日本政府による事前通報の要求は、ともすればＭＲＴＡとの交渉よりも武力行使へと傾きがちになるフジモリ大統領に対する一種の『牽制』ではなかったかと考えているところである。

2　フジモリ大統領論

今回の突入作戦が稀に見る成功を収めたことにより、日本におけるフジモリ大統領の評価は〝うなぎ上り〟であり、多くの評論家から強いリーダーシップの手本として讃えられているところである。しかしその一方で、ペルー国内においては、事件終結直後に一時的に上昇していた政府支持率も下降の一途をたどり、これ以上フジモリ大統領の政治スタイルについていけないとして有力閣僚が辞任する有様である。フジモリ大統領の性格を端的に表現すると、「迅速」・「果敢」・「非妥協的」の三点となるが、これを逆に言うと、「性急」・「独断専行」・「交渉下手」ということにつながるのであり、特にこの「独断専行」のスタイルが、現時点においてフジモリ大統領が関係者からの支持を失いつつある最大の要因と伝えられている。

このようなタイプのリーダーは、軍事作戦のように推移する状況に対応して次から次へと迅速に意思決定を行うことが必要とされる局面においては真価を発揮するが、相手と長期にわたって粘り強く交渉を積み重ねるような役柄には向いていないことが多い。実際にフジモリ大統領は、過去においても政治的窮地に陥るたびに強権を発動して正面突破するという手法を選択してきた経歴が認められるのである。今回の事件においては、前述したようにＭＲＴＡとペルー政府との間で『実質的な譲歩とはならない妥協』が成立する公算が決して小さくなかったことを考えると、少なくとも事件発生当初の段階では、フジモリ大統領が性急に武力行使を開始してしまうことを日本政府が危惧していた可能性が強く、そのような動きを牽制する意図をこめて、この事前通報の問題が強調されてきたと考えられるのである。

このあたりの事情は、遠い将来に事件の関係者が重い口を開くまでは確認できないことであるが、いずれにせよ、この事前通報の問題をめぐるこれまでの論評は、あまりにも皮相的に過ぎるものであろう。

4　在外公館の体制強化

1　情報収集体制の強化について

外務省の報告書は、「我が方公館に対する脅威に関する治安情報を事前に入手することが極めて重要である。」と情報収集体制の強化を今後の重要課題に掲げており、この点については多くの論者とも意見が一致しているところである。このペルー事件に限らず、危機管理の話となると「情報収集体制の強化」が提言されるのが常であるが、その一方で、その強化の内容について具体的に論じられることは少なく、本件報告書も「関係館員をして積極的に情報収集に当たらせしめる」と当たり前のことを述べるにとどまっている。

一般にテロ情報を収集するためには、テログループの周辺に協力者を設定したり、あるいは身分を偽装した工作員を送り込んだりする必要があるが、このような情報収集工作は困難かつ高いリスクを伴うため、結局のところ、在外公館としては接受国の治安当局から情報を入手する以外にほとんど選択肢がないというのが実情である。しかし、接受国の治安当局にとってもテログループの核心に触れるような情報源は極めて重要な存在であるため、情報源の秘匿のために、信頼のおける治安関係の専門家以外には高度の情報を提供しないというケースが少なくないのである。実際に、今回の事件についても、サウセド内務大臣がペルー国会で行った報告によると、事件発生一か月前の段階で、ペルー国家警察情報局（ＤＩＲＩＮ）は、ＭＲＴＡが獄中の幹部活動家を釈放させるための作戦をリマ首都圏で企図していると分析し、その際に、米国、日本等の外交使節団がテロの標的となる可能性も指摘されていたのであるが、この重要情報が日本大使館に提供されることはなかった。

日本の外務省においては、後述するようにテロ対策の位置付けが低く、治安問題の専門家を内部で育成するという発想が見られないために、在外公館においても、主として警察庁や防衛庁などからの出向者に治安情報の収集を依存している状況である。しかし、これらの出向者の多くは警備官にすぎず、日本よりも身分関係がはるかに厳格な外国においては、機密情報を管理している高位の治安当局者と接触することがなかなか困難な状況にあるのである。今後、在外公館の治安情報収集体制を強化するに当たっては、単に掛け声をかけるだけでは効果が期待できないのであり、何よりもまず情報活動の中核となるシニアの専門要員を育成し、在外公館に配置していくことが肝要である。

2　警備体制の強化について

本件報告書は、「今後、我が方としては、ペルー事件を十分念頭に置き、同程度の事件が発生し得る可能性を想定して、在外公館の警備体制を抜本的に強化する」としているが、その強化の内容たるや〝竜頭蛇尾〟と呼ぶに相応しいものである。一例を挙げると、「基本的には全公館に警備官を複数配置する必要がある」と述べる一方で、「（その）実現には長期間を要すると思われる」とトーンダウンし、また、現地警備員についても、「中・長期的計画として現地警備員を抜本的に増強する」と述べるにとどまっている（いずれも傍線筆者）。改めて言うまでもないが、この場合の「長期」とは、「当面大きな改革を行う予定はない」という趣旨の霞が関用語である。

さらに、本件報告書は、議論の焦点の一つとなっている軍人等による在外公館警備の問題についても、「在外公館の直接警備を行う日本側派遣要員を欧米主要国と同様に派遣する可能性については、我が国自身の法体系との関係等検討を要する点が多い」と、まるで他人事のように客観的事実として記述しているに過ぎない。そして、このような文書表現の霞が関流解釈は、「外務省としては、取りあえず問題点を指摘したまでであって、この問題についてさらに検討することは予定していません」という意味となるのである。

本件報告書がこのような粉飾表現に終始した最大の理由は、外務省自体の問題というよりも、むしろ霞が関の縦割りシステムにあると考えられる。例えば、警備官の増員や警備関係費用の増額について外務省が単独で決定することはできない。組織面については総務庁、そして予算面については大蔵省との協議が必要である。また、軍人等による在外公館警備の問題についても、要員を派遣する防衛庁や憲法解釈を担当する内閣法制局との協議を必要とするのである。逆にこれらの省庁の同意を得られる見込みが立たない限りは、外務省としては「長期的に整備する」とか「検討を要する」とお茶を濁すしかないという訳である。この点については本稿の末尾においても触れることとするが、外務省だけではどうしても関係省庁との調整能力に限界があるところであり、本件の調査報告を外務省単独で行わせることとした橋本内閣の最初の判断にそもそも無理があったと考えられるのである。

5 外務省（本省）の体制強化

1　危機管理体制の問題点

外務省（本省）において本件のようなテロ事件への対処を担当する部局は、まず事件の発生地域を担当する地域局（本件の場合であれば、ペルーを担当する中南米局となる。）、海外における邦人の保護を担当する領事移住部、情報分析を担当する国際情報局、そして外務省全体としての対策の調整を担当する総合外交政策局である。また、今回特にクローズアップされた在外公館の警備については、大臣官房の在外公館警備室が担当している。このように危機管理体制が省内で分散されている点について、本件報告書も「現時点では、（中略）世界各国のテロ動向を総合的に分析する十分な体制は存在しない。」などと反省しているが、その一方で、本省の組織改革に関する具体的な提言としては、在外公館警備室、領事移住部、地域局等の関係各課から構成される「治安情勢評価委員会」を設置すること及び国際情報局に内外の関係情報を集積させ、その分析機能を強化することの二点にとどまっている。しかし、残念ながらこのような彌縫策では外務省の危機管理体制の大きな改善は到底見込めないと考えられるのである。

その理由の第一は、「治安情勢評価委員会」なる省内横断的機関が実際に機能する可能性が非常に小さいということである。外務省に限らず霞が関界隈においては、このような委員会が数多く存在するが、基本的に官僚は縦割り思考にどっぷり漬かっていて、横断的な活動はどうしても苦手なことから、その多くは有名無実と化しているのが現状である。この状況を打破するためには、委員会の中核となる部局が強いリーダーシップを発揮して、他の関係部局を無理やりでも引っ張っていくことが不可欠であるが、外務省の提言には、危機管理において中核となる部局を設けるという視点が欠落しており、このままでは他の多くの委員会と同様に、「治安情勢評価委員会」もあまり実効性を期待できない。

理由の第二は、外務省の個々の部局のレベルにおいてテロ対策が不当に軽視されている状況にあるということである。例えば、海外テロ事件において邦人の保護や必要な情報の収集を担当する邦人特別対策室も、在外公館の警備を担当する在外公館警備室も、その名称が示すとおり「課」よりも一ランク落ちる「室」の扱いである。さらに、これ以外の各地域局などにおいては、「室」どころか、テロ対策を専門に担当する職員さえ配置されていないというのが実態である。このようなレベルで「治安情勢評価委員会」なる機関を構成しても、所詮は雑魚の寄せ集めであって、省内での発言力を持ち得ないことは自明である。実際、今回の事件においても、在ペルー日本大使館には治安当局との連絡や現地警備要員の監督を任務とする警備官が三人派遣されていたが、うち一人は警備対策ではなく査証などの領事業務をやらされていたというのが実情である。このようなテロ対策軽視の運用が現場でまかり通っているのも、テロ対策を担当する部門の省内における格が低いために、在外公館に対して睨みがきかないという状況を示していると考えられるのである。

2　外務省の体制改革案

このような状況を変えていくためには、外務省における危機管理体制の抜本的な建直しが不可欠である。その第一として、テロ対策において中心的な役割を受け持つ邦人特別対策室と在外公館警備室を、それぞれ邦人特別対策課、在外公館警備課に格上げするとともに、国際情報局のテロ関連情報の担当を治安情勢分析課として独立させ、テロ情報の分析に専念させることが必要である。霞が関の世界は、理屈ではなく部局長の入省年次で決まるところが極めて大きいのであり、以上のようにテロ対策部局のポストを格上げして年次の高い管理職を配置することにより、省内での発言力も上昇し、さらに在外公館に対しても睨みをきかすことができるようになると考えられる。

改革の第二は、テロ対策に関するノウハウの不足を補うための治安関係省庁との人事交流の強化である。既に警察庁や防衛庁から相当数の職員が外務省に出向しているところであるが、これまでの人事交流のほとんどは書記官や警備官など在外公館向けのものであって本省への出向者は少なく、特に管理職クラスでは皆無という状況のようである。今後外務省全体としてテロ対策を強化していくためには、本省レベルにおけるテロ対策ノウハウの蓄積が不可欠であり、テロ対策部局に治安関係の専門家をスカウトしていくことが必要と考えられる。

改革の第三は、省内に分散されているテロ対策関連部局を統合することである。前述のように個々の部局を格上げしたとしても、外務省内において分散配置されたままではテロ対策の方向性を一致させることは困難である。今後総合的なテロ対策を推進していくためには、前述の邦人特別対策課などの関連部局を統合して「テロ対策部」を新たに設立することが必要である。

⑥ おわりに

本事件についてサウセド内務大臣がペルー国会に提言した報告書は、国家警察第七管区司令官、同参謀長、国家公安局長、テロ対策局長などの幹部を職務怠慢と断じ、個々の問題点を具体的に指摘するなど、その徹底ぶりは、フジモリ大統領の性格を反映してか〝執拗〟とまで感じさせるものがある。これに対して、本件報告書は、外務省内に設置された調査委員会が作成したものであるだけに、どうしても身内である在ペルー日本大使館員の当時の働きぶりを正当化しようとする傾向が見受けられ、また、問題事項として指摘している部分についても、その原因を追及することに徹底さを欠いているきらいがある。

基本的に本件のような調査は、反省事項を浮き彫りにすることによって、将来の危機管理のために役立てようとするのが本旨であり、このような内容の不徹底さを避けるためにも、やはり当事者である外務省自身ではなく、第三者的な機関に本件調査を担当させるのが適当であったと考えられる。「警備体制の強化」の項で解説したように、霞が関の縦割りシステムの中では、どのような改革も関係省庁との調整なしには話が進展しないという問題も存在する。事案ごとに内閣官房を中心として関係省庁が参加する第三者的な調査委員会を設置し、反省事項を精査させるとともに、これに対する具体的な改革案を提示させるシステムを今後構築していくことが必要である。

（一九九七年七月脱稿）

焦点11

内閣の危機管理機能強化のための方策

1 はじめに

我が国においては、平成七年以降、阪神・淡路大震災やオウム真理教による地下鉄サリン事件に続き、ペルー大使公邸人質事件やナホトカ号重油流出事故が発生するなど様々な緊急事態が続発し、これに対する政府の危機管理について厳しい批判が加えられるとともに、日本の危機管理体制は如何にあるべきかという根本問題について議論が沸騰した。この情勢を受けて、橋本総理大臣は、危機管理体制の強化が内閣の最重要課題であると言明し、平成八年一一月に設置された行政改革会議においても、この問題が最も緊急を要する事項として優先的に議論が進められ、平成九年五月には、行政改革会議の提言として「内閣の危機管理機能の強化に関する意見集約」が発表されるに至った。

この行政改革会議の提言を要約すると、

○　内閣官房に危機管理を専門的に担当する官房副長官に準ずるクラスの役職（以下、便宜的に『危機管理専門官』と呼ぶこととする。）を設置すること

○　危機管理専門官を補佐するために所要の事務体制を整備し、平素から内外の専門家とのネットワー

クを構築し、危機の類型別に政府としての対応策を研究すること

○　突発的な事態の態様に応じた対処の基本方針について、あらかじめ所要の閣議決定をしておき、総理大臣が迅速に行政各部を指揮監督できるようにすること

○　多分野の専門職員の配置など内閣情報集約センターの強化を図るとともに、幅広い分野の情報収集が行えるように各省の協力体制を整備すること

の四点となる。

この提言は、今後の内閣の危機管理体制の在り方を方向づけるものとして、非常に大きな意味を有しているが、残念ながら、この提言に関する当時の報道は、単に提言内容を羅列するだけの浅薄なものにとどまり、実務的なレベルにまで踏み込んだ議論が全く行われていない状況であった。本稿では、主として組織論の観点から内閣官房が抱える問題点を抽出することによって、この提言の持つ意味を掘り下げて検討し、そして最も肝心なことであるが、この提言を受けて具体的にどのような危機管理システムを今後構築していけばよいのかという点について論ずることとしたい。

2　内閣官房の危機管理体制とその問題点

1　内閣官房の危機管理体制

それでは、まず内閣官房の現在の危機管理体制について参照することとする。次頁の図に示すように、内閣官房には、内閣官房長官の下に政務と事務の二人の副長官が置かれ、平成九年六月の時点で

は、元文部大臣の与謝野氏が政務の副長官に、そして元厚生官僚の古川氏が事務の副長官に任ぜられている。

　この事務官房副長官というポストは、前任の石原信雄氏が「影の総理大臣」と呼ばれたように、いわば霞が関官僚の頂点に位置するものであり、閣議を形骸化するものとして批判を浴びた事務次官等会議の議長として行政各部に対する総合調整を行う立場にある。

内閣官房の危機管理体制

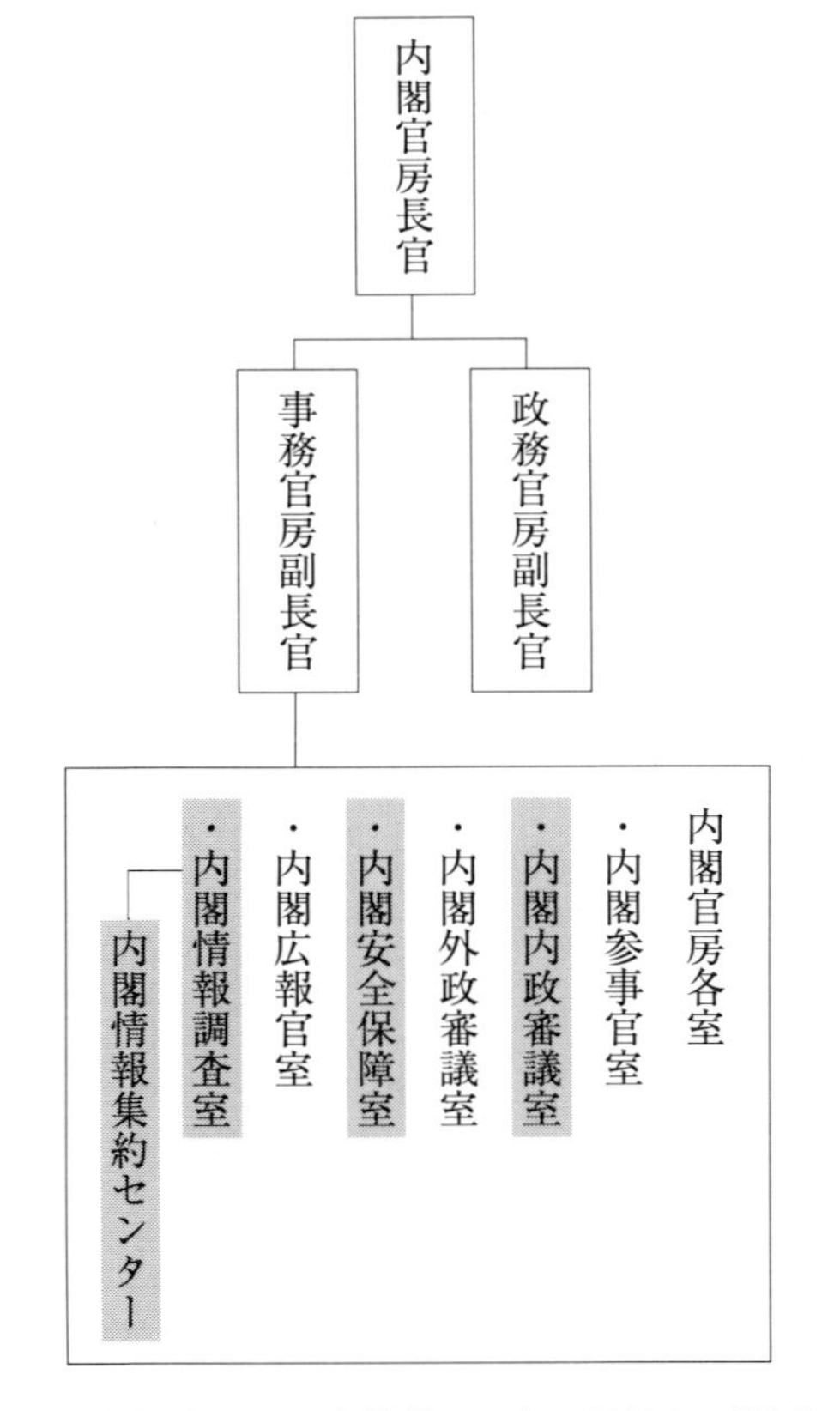

（アミ掛け部分が、危機管理に主に関係する部局）

　この事務官房副長官の指揮下に図のように内閣官房各室が位置し、危機管理については、地震、台風などの自然災害への対処を内閣内政審議室が担当し、ハイジャック事件、航空機墜落などの重大事故、国防事態などそれ以外の緊急事態への対処を内閣安全保障室が担当している。ちなみにペルー大使公邸人質事件についても、自然災害以外の緊急事態ということで内閣安全保障室が担当していた。さらに、緊急事態に関する情報の収集・分析については内閣情報調査室が担当することとされ、その一部局として平成八年春に設置された内閣情報集約センターが二四時間体制で内外の情報をモニターし、緊急情報を把握したときには、直ちに総理大臣、官房長官をはじめ内閣官房関係者に連絡する体制となっている。これに加えて、その他の内閣官房部局も、内閣広報官室が緊急時の報道対応を行っているように、それぞれの職分に応じて危機管理に参加する形となっている。

2　寄せ集め集団

以上のような内閣官房の危機管理体制について、「内閣官房の総力を挙げてしっかりやっているじゃないか」という印象を受けるかもしれないが、組織論的観点から掘り下げてみると、様々な問題が浮かび上がってくる。例えば、「総力を挙げて」と表現すると非常に肯定的に聞こえるが、それは各部局間の連携が緊密にとれていることを暗黙の前提としたものであり、逆に、各部局がセクト主義にはしっていれば、それは単なる「烏合の衆」ということになる。実のところ、その構成員のレベルまで遡ってみると、内閣官房は、一つの組織としての実体が欠けており、むしろ単なる『寄せ集め』と表現する方がより適切なように思われるのである。

内閣官房が一つの実体であるためには、その構成員が内閣官房への帰属意識を有していることが不可欠だが、事務官房副長官をはじめとして、内閣官房の幹部のほとんどすべてが他官庁からの出向者である。彼らは二年程度で親元省庁に復帰し、またその後任者が親元省庁から内閣官房に送り込まれてくるという腰掛け状態であって、いわば内閣官房のポストは、関係省庁の『植民地』と化している。これでは彼らに内閣官房への帰属意識を持てという方がそもそも無理であろう。

平成八年春、危機管理体制強化の一環として、内閣官房各室から選抜された幹部によって内閣官房長官を補佐することを目的とする「危機管理チーム」なるものが編成された。内閣官房各室は、内閣官房長官の部下として、これを補佐することを本来の業務としているにもかかわらず、何故このようなチームを別に編成する必要があったのであろうか。このあたりの事情も、この『寄せ集め』状態に着目すれば容易に推察することができる。すなわち、内閣官房各室の連携がなかなかスムーズにいかないために、内閣官房横断的なチームを新たに編成することにより、部局間の溝を少しでも埋めようとしたと考えられるのである。

3　職員の積極性の欠如

以上のように関係省庁の『植民地』状態にある内閣官房においては、基本的に各職員には、「とにかく大過なく任期を全うしたい」という極めて自己防衛的なインセンティヴが働くことになる。実際、内閣官房の中でいくら頑張っても親元省庁が評価してくれるとは限らず、逆に内閣全体として必要なことでも親元省庁に不利益な行動をとった場合には、後々親元省庁から当人が睨まれる結果になりかねないのだから、たとえ有能な人物であっても、いきおい仕事に消極的にならざるを得ない。それでも、危機管理関係についての業務が一元化されてさえいれば、何かあれば自分の責任問題となることから、それなりの働きが期待できよう。しかし、内閣官房の危機管理は、前述のように分散型であるために、職員の積極性の欠如が危機管理体制の整備の遅れとして表面化し、また、部局間における責任の押し付け合いが発生する危険性も高いのである。

内閣官房における積極性の欠如の表れの典型例が、危機管理センターの問題である。この危機管理センターとは、緊急事態の発生時に情報の収集と初動対処を迅速に実施することを目的として、平成八年春から官邸内に設置されたものであるが、平成九年三月に危機管理センターが強化されたという報道があったので、その内容を調べると、誠に気の滅入るような事実が明らかとなった。それまで危機管理センターには常設の対策室がなく、何か緊急事態が発生した時には、官邸付きのカメラマンの執務室を一時的に間借りして危機管理に当たることになっていたというのだ。ペルー大使公邸人質事件の発生に際して、このような間借り状態では到底やっていけないということで、やっと常設の対策室を設置することになったらしい。常識的に考えれば、危機管理の対策室を間借りでやるという発想がいかに愚劣なことか、おそらく内閣官房のどの危機管理担当者もよく分かっていたに違いない。それにもかかわらず、このような対応が実際に続けられていたという事実が、内閣官房の抱える問題の根深さを示していると考えられるのである。

4　要員の不足

今後、危機管理体制を強化するに当たって、行政改革会議の提言は明示こそしていないものの、内閣安全保障室がその中核となることは、数々の報道にも見られるように衆目の一致するところであろう。これまでのように緊急事態への対処を内閣内政審議室と内閣安全保障室で分担していることには問題があり、自然災害も含めて緊急事態全般への対処業務を内閣安全保障室に一元化することが適当である。

ただし、現在の内閣安全保障室は、緊急事態全般に対応するだけの実体を備えていない。

この内閣安全保障室は、昭和六一年に中曾根内閣の下で安全保障会議の事務局として内閣官房に設置されたものであるが、この安全保障会議の対象とする事態は、法律上「国防に関する重要事項」と「重大緊急事態への対処に関する重要事項」に限定されている（ちなみに、この「重大緊急事態」とは、「我が国の安全に重大な影響を及ぼすおそれがあるもののうち、通常の緊急事態対処体制によっては適切に対処することが困難な事態」と定義され、具体的なケースとしては、ミグ二五事件、大韓航空機事件、湾岸危機などの安全保障問題と密接に関連する緊急事態が挙げられている。）。このように対応範囲が非常に限定されていることは、内閣安全保障室の設立当時に、野党や関係省庁を説得するためにある程度やむを得なかったと思われるが、その結果として、内閣安全保障室に対して『実際に期待されている役割』と『法律上規定されている役割』に大きな乖離が生じてしまっているのである。

そして、『法律上規定されている役割』が霞が関における人員配置の基準であることから、内閣安全保障室の体制は、『実際に期待されている役割』と比較して非常に弱体である。報道の伝えるところによると、内閣安全保障室の体制は、室長、内閣審議官（一般省庁の課長級）四名、その他職員約二〇名ということであり、幹部職員のランクこそ高いものの、サイズとしては、一つの課程度にすぎない。この体制では、我が国に対する侵略からナホトカ号の重油流出事故に至るまでの多種多様な緊急事態について十分な対応を行うことは、そもそも期待できないと言ってよい。また、内閣安全保障室の幹部の出身省庁を見ても、室長は防衛庁、残りの四人の審議官の出身も防衛庁、外務省、大蔵省、警察庁となっているように、安全保障関係に重点がおかれたシフトであり、事故や災害などの一般の緊急事態に対する体制もノウハウも極めて弱体であることが容易に推察できるのである。

3 行政改革会議の提言と今後の課題

それでは、以上のような内閣官房の抱える組織論的な問題点を参考とした上で、行政改革会議の提言について論じ、今後の実務的な課題についてさらに検討することとする。

1　危機管理専門官の設置について

前述のように、自然災害への対処については内閣内政審議室が、事件・事故などへの対処については内閣安全保障室が、そして、緊急事態に関する情報収集については内閣情報調査室が、それぞれ分担しているため、これらを実務的に束ねていくのは事務官房副長官のポストしかないというのが現状である。しかし、この事務官房副長官は、必ずしも危機管理に精通しているわけではない。警察庁出身の後藤田氏のように危機管理のプロが事務官房副長官に任命されるケースもあるが、古川氏は厚生省出身であり、前任の石原氏は自治省出身であるように、危機管理の実務経験の少ない者が事務官房副長官となることが実際には少なくないのである。

これは決して人選に問題があるということではなく、事務官房副長官の執務の中心が霞が関の全省庁を相手とした総合調整事務である以上、その人選に当たって危機管理の面だけを特に強調するわけにはいかないのである。また、事務官房副長官は、いわば「官邸の番頭」であるため、総理大臣が自分と息の合う官僚を登用しているという面も否めない。さらに、様々な会議や公式行事への出席、政治家の相談事への対応など、事務官房副長官のスケジュールは、それこそ分刻みであり、危機管理についての勉強をじっくり行うような時間がとれないのが実情である。平成九年の行政改革会議の提言は、事務官房副長官に代わって内閣官房の危機管理業務全体を統括する危機管理専門官というポストを新設しようとするものであり、「モチはモチ屋」、危機管理のプロ化を推進するという点で、実務上非常に有用な指摘と考えられる。

この危機管理専門官についての今後の検討課題は、何と言っても、危機管理専門官の人選である。いずれは民間人、特に学者の危機管理専門官への登用を求める意見が出てくると思われるが、筆者の見る限りでは、日本における危機管理研究は未だその緒についたばかりであり、マスコミ受けの面はともかくとして、実務的に通用するほどの研究者は見当たらないというのが実情である。また、関係省庁と協議して政府全体として統制のとれた危機管理体制を整備していくためには、高い事務調整能力、言い換えれば関係省庁に『睨みをきかせる』能力が特に必要とされるところであり、現実的な選択肢としては、警察庁、海上保安庁などの危機管理担当省庁の出身者から危機管理専門官を選抜することが適当であろう。

検討課題の第二は、危機管理専門官と内閣官房各室との関係である。危機管理専門官を事務官房副長官のスタッフとして整理してしまうと、専門官が内閣官房各室を直接指揮することができなくなるため、やはり専門官は、指揮系統のラインに組み込むべきであろう。この場合、危機管理専門官の担当する「危機管理」の範囲をどのように区分するかが次の問題となる。まずその『深さ』の面については、ナホトカ号重油流出事故のケースのように、事件発生時の対処業務だけでは到底国民のニーズに応えられないことから、緊急事態の発生そのものを予防するための各種行政措置についても、危機管理専門官の担当とすべきである。次に、危機管理の範囲の『広がり』の面については、国防事態を含めるかどうかが議論の対象となると思われるが、日本のおかれている状況に鑑みると、平成八年に韓国で発生した北朝鮮特殊工作員上陸事件にみられるような、国防事態と『紙一重』の緊急事態への備えが今後重視されるところであるので、国防事態とそれ以外の緊急事態とを分離して、後者だけを危機管理専門官に担当させるという方式はむしろ適当でないと考えられる。

2　危機管理専門官を補佐する体制について

危機管理専門官を中心に所要の事務体制を集めるという行政改革会議の提言は、それ自体は当然のことであるが、内容の具体性を欠くきらいがあり、今後の議論において詰めの検討が行われる必要がある。特に、どのような事務方の補佐が必要とされるのか、そしてそのためには、どのような人材を集め、どのような体制を整備することが必要なのかという点について、具体的な指摘を進めていかなければ、金融監督庁のケースのように、どうしても霞が関のペースにはまってしまうことになるであろう。

危機管理における総理大臣のリーダーシップの発揮が最近強く要請されているが、総理大臣といえども人の子であるため、自らの個人的能力だけで様々な緊急事態に対処することなど不可能である。したがって、総理大臣が適切にリーダーシップを発揮していくためには、まず総理大臣に対して、的確な状況説明と対処についての助言を行うスタッフの存在が不可欠である。これを逆に言えば、前述のような問題のために、これまで内閣官房がスタッフとしての機能を十分に果たしていなかったことが、危機管理における官邸の存在感を希薄にしていた原因と言えよう。

体制面については、内閣安全保障室に最低でも次の三係を新たに設置することが必要である。新設の係の第一は、事件・事故係であり、地下鉄サリン事件のような各種のテロ事件や航空機の墜落事故などを担当する。第二は災害係であり、地震、台風などの自然災害や、ナホトカ号重油流出事故や原子力施設の事故などの大規模事故への対処を担当する。そして、第三として、海外の邦人救出やペルー大使公邸人質事件のようなケースを担当する国際係を設置する。そのためには内閣安全保障室の体制を最低でも倍増することが必要となるが、これくらいの体制がなければ、総理大臣のリーダーシップを振り付けするほどの専門的能力を蓄積することは困難である。

人材面については、霞が関における通常の人事異動サイクルは二年であるが、これではスタッフの平均経験年数が一年と短すぎるので、危機管理関係の要員については、最低でも三年以上、できれば五年程度とした方が良い。なお、出向者をスタッフとすることをやめて、危機管理の専門要員を育成すべきという議論もあるが、仮に内閣安全保障室の体制が倍増されたとしても、この程度（数十人）の大きさの組織では、採用から退職までの四〇年間にわたってプロパーの職員を組織内で十分に処遇することが不可能であるため、結果として優秀な人材が集まらないことが危惧される。また、関係省庁を動かしていくためには、人間的なつながりが鍵となることが少なくないことから、今後も出向者を中心に編成していくしかないと思われる。

さて、今回の危機管理機能の強化に当たっては、当初は、内閣官房に新たに『危機管理室』を設け、スタッフの大幅充実を図るという構想がうち出されていたようであるが、これが次第にトーンダウンして、平成九年四月一三日付けの朝日新聞記事によると、「専門官のもとに一〇人程度の事務職員は置くものの、（中略）専門スタッフは置かない方向」とリークされている。このような体制矮小化の議論が出てくる大きな理由は、内閣官房が寄せ集め集団であるという問題と密接に関連している。前述のように内閣官房のポストは、関係省庁の『植民地』と化しているが、危機管理の体制を増強するに当たって内閣官房の定員を増やすことは行政改革の観点から論外であるため、既存の内閣官房各室の定員を削減して、それを危機管理関係に振り替える必要がある。そうなれば、削減対象となる内閣官房ポストを有する省庁が、自らの『植民地』を防衛するために様々な巻き返しに出ることは必至であり、その結果として、今回の危機管理関係の増強は、前述の記事のように、ほんのわずかということになってしまうおそれが強い。

現時点でさえ、『一〇人程度』というリークがなされているのであれば、実際の霞が関流の『落とし所』は、六、七人程度で、事務次官級の専門官には、最低でも秘書と運転手が割り当てられるから、実際のスタッフの増強は三、四人程度という体たらくになるのではないかと懸念される。しかも、『専門スタッフは置かない方向』ということだが、様々な態様の緊急事態に対して、危機管理専門官一人で何ができるというのだろうか。これでは、何か危機管理上の失敗が起きた場合に、他の官邸関係者に代わってスケープゴートとなるために専門官を設置するのだというシニカルな見方さえ出てくるほどである。

なお、行政改革会議の提言は、専門スタッフの代わりとして、各省庁の担当者や民間の関係者を集めた「ネットワーク型」組織を設けることとしているが、時間をかけてのんびり検討するのならともかくとして、一刻を争う危機管理の渦中においては、明確な指揮系統ラインが不可欠であり、ネットワーク型組織が通用するはずもない。このようなネットワークは、基幹となる危機管理体制が存在していることを前提とした上で、これにアドバイザー的な役割を果たすこと位しか期待できないだろう。実のところ、このネットワーク型組織の議論は、前述のような関係省庁の『植民地』防衛の結果として、危機管理スタッフの要員が不足してしまうことに対する格好の言い訳に使われるのではないかと危惧されるのである。

３　閣議方針による総理大臣の指揮監督について

内閣法第六条は、「内閣総理大臣は、閣議にかけて決定した方針に基づいて、行政各部を指揮監督する。」と定め、その趣旨については、小谷宏三元総理府恩給局次長著の「内閣法逐条解説」によると、「内閣の長たる内閣総理大臣は、閣議が決定した方針に基づいて、内閣の代表として行政各部を指揮監督するのであり、その単独の意思決定により行政各部を指揮監督するのではない。ただ、内閣としては方針を決定すれば足りるのであって、指揮監督の細部までも内閣が決定する必要はない。」とされている。行政改革会議の提言は、この内閣法第六条に基づき、あらかじめ各種の閣議決定を行っておくことにより、緊急時における総理大臣の指揮監督権を強化しようとするものである。

このような提言が行われた経緯としては、危機管理に当たって総理大臣が強いリーダーシップを発揮するために、総理大臣に強い指揮権限を与えるべきであるという議論がなされたのに対して、憲法第六六条が「内閣は、行政権の行使について、国会に対して連帯して責任を負ふ。」と規定しているため、総理大臣の権限強化についての立法が困難であったという事情が存在する。行政改革会議の委員の中には、改憲も辞さずとの勇ましい者もいたようであるが、結局のところ、この内閣法第六条を使って実質的に総理大臣の指揮監督権を強化するという結論に落ち着いたものであり、憲法改正論議を避けたい事務方と、総理大臣の権限強化を求める委員とのいわば妥協の産物というわけである。

しかし、ロッキード事件丸紅ルート最高裁判決は、「内閣総理大臣が行政各部に対し指揮監督権を行使するためには、（内閣法第六条の規定に基づき）閣議にかけて決定した方針が存在することを要するが、閣議にかけて決定した方針が存在しない場合においても、（中略）流動的で多様な行政需要に遅滞なく対応するため、内閣総理大臣は、少なくとも、内閣の明示の意思に反しない限り、行政各部に対し、随時、その所掌事務について一定の方向で処理するよう指導、助言等の指示を与える権限を有するものと解するのが相当である。」（傍線筆者）としており、これによると別に閣議決定など行わなくても、総理大臣は、必要な指示を関係省庁に与えることでリーダーシップを十分に発揮できるのである。

もっとも講学上は、『指揮』に比べると『指示』は、若干程度が弱いとされているのであるが、前事務官房副長官である石原氏が、「別に制度をいじらなくても、総理がやろうと思えばリーダーシップを発揮することは十分可能である」と述べているように、実際の運用において、『指示』では駄目で『指揮』でなければまずいということはあまり考えられない。

そもそも、どのような活動が必要であるか事前に判明しているのであれば、総理大臣の指揮監督を待つまでもなく、そのような活動を行うようにあらかじめマニュアルを作成しておけば済むことである。逆に言えば、どのようなことが起きるか分からないからこそ緊急事態なのであり、これに臨機応変に対応するために、前述のように専門的なスタッフが総理大臣を補佐することが必要とされるわけである。行政改革会議の議論は、『総理大臣の指揮』という言葉に自縄自縛となって、実際の危機管理における リーダーシップの性質について誤解しているように思われてならない。また、実際のところ、総理大臣に指揮監督権が与えられてさえいれば、事態の解決が促進されたというケースを筆者は承知していない。『総理大臣の判断が遅れたケース』や『総理大臣が判断を回避したケース』は過去に存在するが、これは総理大臣の指揮権限の問題ではなく、資質の問題なのである。

なお、蛇足であるが、事務官房副長官に危機管理の経験に乏しい者が任命される可能性について前述したが、このことは総理大臣についても当然に当てはまる話である。そもそも官僚制というのは、リーダーが誰であろうとそこそこの行政が行えるように開発された制度であり、現在、総理大臣のリーダーシップだけを盛んに強調している識者は、危機管理能力の全く無い者が総理大臣の座につく可能性があることをすっかり失念しているようだ。『個人』としての総理大臣に強いリーダーシップの発揮を期待するようなシステムを整備すれば、有能な総理大臣の時には非常に素晴らしい危機管理ができるが、逆にそうでもない総理大臣の時には目も当てられない結果となり得るのであり、危機管理の要諦の一つであるミニマム・ワースト（流動的事態に対して常に『最悪』なケースを想定し、その最悪の状態における被害をできるだけ極限化する方向で、諸対策を推進すること）の立場から到底許容できるものではない。

4　情報集約センターについて

内閣の情報体制の強化については、内閣情報調査室を中心とした情報のコミュニティ化の問題など重要課題が山積しているが、本稿では論を展開するだけの紙幅がないところ、情報集約センターについて一点だけ指摘することとしたい。行政改革会議の提言の示すとおり、情報集約センターに専門能力のある職員を配置して、その分析能力を強化する点は勿論重要なことであるが、情報集約センターは、内閣官房において唯一、二四時間体制を維持している組織であるという点で、これを緊急事態への対処業務の方面に活用する点についての検討が必要と考えられる。

前述のように情報集約センターの所属は内閣情報調査室であるところ、緊急事態発生時においても情報集約センターは、内閣情報調査室の業務分担に従い、情報の収集や関係者への連絡を行っても、基本的に事態への対処には関与しないということにシステム上なっている。このため、平日の昼間時ならともかくとして、平日の夜間や休日に緊急事態が発生した場合においては、危機管理センターに内閣安全保障室や内閣内政審議室の対処業務の担当者が集結するまでは、対処業務が実際にはスタートしていないという状況となるおそれがあるのである。

このような体制となった理由は、『対処と情報の分離』（対処業務を担当している部局が、併せて情報分析業務を行うと、情報分析の際にどのように対処するかというポイントを同時に考えてしまうために、分析内容にバイアスがかかるおそれがあることから、対処業務と情報分析業務を厳密に切りわけるべきという考え方）という概念によるものと思われるが、緊急事態への対処は一刻の遅延も許されないところ、内閣官房の中で二四時間体制をとる部局が他にない以上、情報集約センターが、対処業務にも参加することが実務上必要である。そのためには、少なくとも、情報集約センターの職員を内閣情報調査室と内閣安全保障室の兼務とすることにより、緊急事態発生時には、内閣安全保障室の一員としての立場で速やかに対処業務に入ることが望ましい。

4　おわりに

設計上の問題などのためにその中で働いている者の健康を害する建物をシックビルディングと呼ぶことにちなんで、歴史のある組織において、これまでに蓄積されてきた制度、規則などが、組織の本来の業務遂行の上での足枷となっている状態を『シックシステム』と筆者は呼んでいるが、今回取り上げた内閣官房も典型的なシックシステムのケースである。これまで政府の危機管理がなっていないという批判の大合唱がなされているが、その原因としてこのシックシステムに着目した論評は見受けられず、『役人が怠けているから悪い』式の短絡的な見方がまかり通っている状況であり、これでは問題の根本的解決は到底期待できない。内閣の危機管理機能の強化については、今後、行政改革会議において具体的な検討が進められることになるが、本稿で提示した視点が、その議論の活発化に少しでも寄与することを願ってやまない。

（一九九七年六月脱稿）

〈追　記〉

この論文の発表後、内閣官房の危機管理機能の強化が次々と実現した。九八年に危機管理業務を統括する専門職として内閣危機管理監が設置されるとともに、二〇〇一年の省庁再編の際には危機管理に関係する重要ポストの内閣安全保障室長、内閣情報調査室長が格上げされ、それぞれ内閣官房副長官補（安全保障、危機管理担当）、内閣情報官に名称も変更された。

二〇〇二年五月に業務を開始した新官邸には、地下一階に危機管理センターが設置され、広さは従来の約五倍、各省庁とは大容量の特別回線で結ばれ、現場の最新映像を映し出すモニター類も整備された。さらに、二〇〇三年三月には日本初の情報収集衛星が打ち上げられ、内閣情報官の下に設置された内閣衛星情報センターで北朝鮮のミサイル施設などの監視が開始されている。

このように内閣官房の危機管理体制は、組織体制やハードの面で執筆当時とは比較にならないほどに充実した。しかし、二〇〇二年の北朝鮮工作船事件（詳しくは、「第2章　焦点5　北朝鮮工作船撃沈事件と今後の展開」を参照）で明らかとなったように、内閣官房職員の腰掛け意識による積極性の欠如や、各省庁の縄張り根性による情報の閉塞などソフト面の問題は、依然として未解決のまま残されている。

第4章

企業不祥事への取組み

焦点12

内部告発の脅威と対策

1 はじめに

組織内の不正に対する内部告発は近年急激に増加し、二〇〇〇年以降の企業不祥事の九割以上が内部告発によって発覚したとまで言われている。この急増の原因としては、

○ インターネットの普及により、自らの身元を完全に秘匿しながら瞬時・多方面に告発することが容易になった。

○ 終身雇用制度が崩壊したことにより、若年層はもちろんのこと、中高年層の職員の間でも組織に対する忠誠心やモラルが極度に低下した。

○ 内部告発によって実際に企業等が大きなダメージを被ったケースが報道され、その威力が広く認識されることが次の内部告発を生むという相乗効果が働いた。

等が挙げられる。いずれにせよ内部告発の増加は不可逆的な現象と考えられ、今後の経営上の大きな脅威となっているため、本稿では、代表的な内部告発事例一〇件と事件の背景となった構造的な問題点を概括した上で、内部告発に対するリスク管理について検討することとする。

ケース1　野村證券の総会屋利益供与事件（一九九七年）

野村證券が、伝票類を偽造して利益の上がった取引を総会屋の実兄が経営する不動産会社の口座に付け替えるという手口で、総会屋に対して利益供与を行っていたことが、内部告発により発覚した。この内部告発を行ったのは社内の取引をチェックする業務管理本部に所属する社員であり、問題の口座が突出した利益を上げていることを不審に思って上司に報告したが、そのまま問題が放置されたことから証券取引等監視委員会に告発に及んだものである。その後の調査において、この総会屋が八九年に第一勧業銀行から三一億円もの融資を受け、その資金で四大証券の株式を大量に取得し、株主総会の混乱を恐れる証券会社側から同様な手口で約六億九〇〇〇万円の利益供与を受けていたことが判明した。

〈事件の背景〉

○　証券業界では、顧客をつなぎとめる手段として利益供与が日常的に行われていたため、関係者の規範意識が麻痺していた。

○　利益供与を指示した野村證券社長は、取り巻きを登用して周囲を固め、異論を唱える役員を次々に解任していたため、重役陣が社長に一切反論できない雰囲気が作り上げられていた。また、海外の機関投資家から社外取締役を設置するように要求があったが、野村證券側はこれを拒否していた。

○　九一年の証券不祥事の責任を取って辞任した前会長と前社長を取締役に復帰させるという市民常識とかけ離れた人事を野村證券では断行したために、株主総会の行方を握る総会屋に対して過敏になっていた。

○　当時、大蔵省の外局にすぎなかった証券取引等監視委員会は、業界最大手の野村證券の調査に当たり、金融行政を所管する大蔵省に対して遠慮があった。また、同委員会の体制が弱く、公認会計士等の資格を持つ職員も少ないなど調査能力が不足していた。

ケースII　防衛庁の装備調達を巡る背任事件（一九九八年）

防衛庁の元調達実施本部長と元副本部長が、過去に防衛装備品の納入に関して不正な会計処理を行っていたとして背任罪で逮捕・起訴された。ＮＥＣの系列会社である東洋通信機とニコー電子が装備品納入の際に工数や製造時間を水増しして過大請求していたことが内部告発で判明したが、その対応に当たった元本部長たちが、ＮＥＣ幹部から請託を受けて返還金額を大幅に減額するように事務方に指示していたことが、さらなる内部告発により発覚したというものである。東洋通信機については約三〇億円から八億七〇〇〇万円に、ニコー電子については約一七億円から二億九〇〇〇万円に、それぞれ返還金額が不正に減額され、国に約三五億円の被害を与えていた。これ以外にも、問題の両社に対してペナルティー金利の適用や一括返済が免除され、取引停止などの行政処分も見送られていた。

この不正の見返りとして、元本部長は、東洋通信機に同期の防衛庁キャリア職員の天下りを受け入れるように働きかけていた。元副本部長については、防衛庁退官後にＮＥＣの系列会社から顧問料名目で総額約五四〇万円の賄賂を受けとっていたとして、事後収賄罪でも起訴されている。なお、この事件の解明を検察当局が進める際に、防衛庁側が関係資料を破棄するなどの証拠隠滅工作を組織的に実施していたことが判明し、防衛事務次官をはじめとする関係者約三〇人が処分を受けている。

〈事件の背景〉

○　防衛関係の装備品は、仕様の特殊性と機密保持の観点から随意契約により調達されることが多く、もともと防衛庁と業者のなれ合いが発生しやすい土壌があった。また、東洋通信機は防衛上非常に重要な装置を納入していたことから、同社が取引停止となって納入がストップしてしまうことを防衛庁側が懸念していた。

○　退官者のための天下り先の確保が霞が関の官僚にとっては重要な職務と認識されているが、特に防衛庁の場合には、自衛隊関係者の退職年齢が一般よりも若いこと、防衛関連の財団法人などの受け皿が少ないことなどから問題が切実であり、業者との接点が多い調達実施本部が再就職先探しの上で大きな役割を担っていた。

○　調達業務は複雑な原価計算などの専門能力を必要とすることから、もともと防衛庁の中でも独立性が非常に強かった。それに加えて、元副本部長は上級職技官として三〇年以上にわたって調達業務に従事して「調本のドン」とまで呼ばれた人物であり、その指示に対して調達実施本部の職員は異議を差し挟むことができなかった。

○　防衛庁の装備調達を巡る不正については会計検査院に対して度々内部告発がなされていたが、会計検査院には強制的な調査権限がなく、あくまで検査対象官庁の協力を前提にしているため、これまで実効性のある検査が行われていなかった。また、元副本部長などの斡旋により複数の会計検査院ＯＢが防衛関連産業に天下りするなどの「借り」があった。

ケースⅢ　三菱自動車工業のリコール隠蔽事件（二〇〇〇年）

三菱自動車工業が、三〇年以上前から約八〇万台に相当するリコール情報を隠蔽していたことが内部告発により発覚した。その手口は、リコール情報を開示できる情報と開示できない情報の二種類に分類し、運輸省の監査時にはコンピュータのレベルを変更して後者の情報にアクセスできなくするなどの巧妙なもので、監査官到着後の一〇分間で情報を完全に隠蔽できるようにマニュアルまで整備されていた。しかし、運輸省に対してなされた内部告発は、この二重情報システムの仕組みや裏帳簿の保管場所などを詳細に説明するものであったことから、隠蔽行為が明らかにされた。この事件の影響で三菱自工は極度の販売不振に陥り、再建のために外資のダイムラー・クライスラーに経営権を譲り渡すこととなった。

〈事件の背景〉

○　リコールの隠蔽実態は多くの経営幹部も承知していたが、三菱自工では従順が美徳とされる組織文化が定着していたため、問題の根本的解決のためにリーダーシップをふるう者が現れなかった。

○　日本最大の企業集団である三菱グループが大口ユーザーであり、社員にもグループ関係者の子弟が多いなど、三菱グループへの依存度が非常に高かったため、三菱自工の内部では三菱グループに対する甘えや一般消費者を軽視する組織文化が形成されていた。

○　九七年に富士重工でリコール隠蔽事件が発覚するまでの運輸省の検査は、抜き打ち特別監査の日程がメーカー側に事前に通報されるなど、メーカー側の隠蔽工作を誘発するような実態であった。

ケースⅣ　東京女子医大における手術ミス隠蔽事件（二〇〇一年）

東京女子医大病院で、人工心肺装置の操作を誤って患者を死亡させた事故を手術チームリーダーの医師が隠蔽していたことが、内部告発により発覚した。この患者が死亡した直後に病院理事長に対して内部告発がなされたが、問い合わせを受けた主任教授はそのようなミスはなかったと回答し、その旨をチームリーダーの医師に伝えたところ、これを「事故を隠蔽せよ」の趣旨と解釈してカルテの書き換え等を行ったものである。その後、今度は患者の両親に対して手術ミスを指摘する内部告発の手紙が届いたことにより事件が明るみに出て、人工心肺装置の操作を担当していた医師が業務上過失致死罪で、そして隠蔽工作を実施したチームリーダーの医師が証拠隠滅罪でそれぞれ検挙された。

なお、東京女子医大病院には「安全管理委員会」が設置され、関係者に対して医療事故を報告する義務を課していたが、問題の手術ミスについては手術チームの誰からも報告がなされず、また、二人のチーム員がチームリーダーの医師の指示に従って記録類の改竄（ざん）作業を手伝っていた。

〈事件の背景〉

○　大学病院は「医局制度」という閉鎖的な組織形態を持ち、医局内の人事について絶大な権限を持つ主任教授を頂点とする強固なピラミッド型の上下関係が存在したため、上司の指示に対して異論を唱えることは困難だった。

○　医師側には「患者の生命を救う仕事をしている」という強い自負心が存在する上に、日本の法律ではカルテの改竄を禁止する規定やカルテを患者側に開示する規定が整備されていないことから、手術ミスが発生した際に医療機関側で記録類を書き換えることが広範に行われていた。

○　「技術は自分で学べ」という古い職人気質のために人工心肺装置の扱い方についての教養が不十分であったことから、人工心肺装置にトラブルが発生した際に誰も対処法を知らなかった。

ケースⅤ　雪印食品の牛肉偽装事件（二〇〇二年）

雪印食品が、狂牛病対策として農水省が実施した牛肉買い上げ事業を悪用して、対象外の安価な輸入牛肉を国産と偽って高値で買い取らせて、約二億円を騙し取っていた詐欺事件が内部告発により発覚した。事件の首謀者となった営業調達部長は、他社で牛肉の偽装が行われているとの噂について取締役会で報告したところ、出席者のいずれからも不正行為をしないようにとの指示がなかったことから、偽装工作に踏み切ったものである。雪印食品は、元専務ら七人が詐欺罪で起訴された上に、業績の急激な悪化により会社の清算に追い込まれ、親会社の雪印乳業でも社長をはじめ全役員が引責辞任するに至った。

この事件の内部告発者は偽装工作の現場となった倉庫の経営者だが、雪印食品側に指摘したにもかかわらず、偽装工作が継続されたために告発に及んだものである。なお、この倉庫会社は、虚偽の伝票作成に荷担したという倉庫業法違反により営業停止七日間の行政処分を受けた上に、食品業界との取引を次々と打ち切られて倒産に追い込まれた。

〈**事件の背景**〉

○　食肉業界ではかねてから産地の偽装や品質表示の改竄などの不正が横行しており、関係者の規範意識が麻痺していた。

○　雪印食品では、親会社の雪印乳業が二〇〇〇年に食中毒事件を起こした影響で業績が悪化していたことに加えて、狂牛病騒動により食肉需要が大幅に減少したために膨れ上がった在庫の処分に苦慮していた。

○　農水省側では買い上げた食肉に対する検査をほとんど行っていなかったため、偽装工作は箱の詰め替えやラベルの張り替えだけで十分だった。

ケースⅥ　協和香料の無認可材料使用事件（二〇〇二年）

年商約一六億円の中堅香料メーカー協和香料化学（社員数約七〇人）が、三〇年も前から食品衛生法で認可されていない原料を使用して香料を製造していたことが、保健所に対する内部告発で判明した。問題の香料は明治製菓、江崎グリコ、ロッテなど多数の食品メーカーで利用されていたため、関係企業は小売店等からの商品の自主回収、在庫の処分等に莫大なコストを負担することとなった。

〈事件の背景〉

○　この無認可材料は欧米諸国やＷＨＯでは添加物として認められていたこと、香料は微量なので人体への影響は少ないことなどから、協和香料側では特に問題ないと安易に考えていた。

○　諸外国で認可されている添加物でも、日本で認可を受けるためには二年も待たなければならず、さらに安全性試験のために二億円近い経費をメーカー側が負担する必要があるが、中小メーカーの協和香料にはそのような余裕はなかった。

○　食品メーカーに原料を納入する業者や加工作業を下請けする業者は膨大な数に達するため、食品メーカー側では業者側が提出した品質証明書を確認するだけで、自ら内容物のチェックを行っていなかった。

ケースⅦ　東京電力の原発トラブル隠蔽事件（二〇〇二年）

東京電力が、福島第一・第二原発と柏崎刈羽原発においてトラブル二九件を隠蔽していたことが、隠蔽箇所の検査を請け負っていたゼネラル・エレクトリック社職員の内部告発により発覚した。隠蔽されていたトラブルは、炉心隔壁や再循環系配管のひび割れなどの軽微なものだったが、その後の調査により福島第一原発で原子炉格納容器の密閉性試験の際にデータの不正操作が行われたことが新たに発覚した。この不正操作は国の定期検査に対する妨害行為として電気事業法違反に該当したため、商業原発として過去最長の一年間の運転停止命令が下された。

問題の内部告発は二〇〇〇年七月に経済産業省の原子力安全・保安院に対してなされていたが、その後の保安院の調査は「被疑者」である東京電力に任せきりであり、二〇〇二年五月にゼネラル・エレクトリック社が告発情報を事実と認める詳細な報告書を提出したことで、ようやく本格的な調査がスタートした。また、保安院側が東京電力に告発者の署名が入った資料を手交するとともに、そのプライバシーに関する情報まで提供していたことが明らかとなり、保安院長ら幹部六人に戒告などの処分が下された。

〈事件の背景〉

○　行政当局の怠慢により、それまで日本には原発設計に関する基準しか存在せず、運転開始後も原発を常に新造時と同じ状態に保つことが要求されていた。これでは維持コストが天文学的な数字に跳ね上がり、また、補修のために頻繁に原発を停止させると電力供給に重大な支障が生ずるということで、現場レベルでは軽微なトラブルは報告しないという暗黙のルールが生まれていた。

○　東京電力の原子力部門では、人事ローテーションが本社と三か所の原発に限定されていたこと、東京電力の主流（総発電量の四割が原発に依存）というエリート意識が強かったことなどから唯我独尊的な組織文化が醸成され、原発トラブルについて世間の受け止め方と大きな意識のズレが生じていた。

○　日本では約二〇〇人体制の保安院が五二基の原発を検査しており、原発一基当たりの検査体制は米国の七分の一にすぎなかった。

○　保安院の検査は、電力会社が隠蔽などするはずがないという「性善説」に基づき、肝心の検査箇所を電力会社側に選択させるなどの悪慣行が存在していた。また、保安院は検査の相当部分をメーカーに委託していたが、メーカー側も最重要顧客である東京電力に遠慮して隠蔽作業に荷担していた。

ケースⅧ　ユニバーサル・スタジオ・ジャパンの賞味期限切れ食材使用事件（二〇〇二年）

テーマパークのユニバーサル・スタジオ・ジャパン（ＵＳＪ）では、直営レストランで賞味期限切れの食材を使用していたことを取引先から指摘されたが、すぐに公表せずに経営陣が対応方針について協議を続けている間に、マスコミへの内部告発によって事件が発覚した。さらにその直後には、配管ミスにより工業用水が園内の水飲み器に供給されていた事件について、経営陣が報告を受けるよりも先に、マスコミ各社に対して内部告発のファックスが送付された。

これらの不祥事を受けてＵＳＪが実施した総点検の際には、人気アトラクション「ハリウッド・マジック」で許可量を上回る火薬を使用していたことも発覚し、火薬管理を統括するエンターテイメント部の幹部が火薬類取締法違反で書類送検された。この問題は、ＵＳＪ側が騒音対策のために火薬量を減らして許可申請していたところ、米ユニバーサル・スタジオ社が火薬を増量するように指示してきたため、「申請をやり直していたらオープンに間に合わない」と危惧した担当者の一存で火薬の不正使用が始められたものである。

〈事件の背景〉

○　ＵＳＪは大阪市が筆頭株主（出資比率二五％）の第三セクターであり、出資している民間企業も、米ユニバーサル・スタジオ関連会社（同二四％）のほかは、住友金属（同一〇％）、日立造船（同五％）など娯楽産業とは縁の薄い企業が多かった。そのため、企業経営の経験がない元大阪市港湾局長が社長の座につくなど、大阪市や出資企業から派遣されたＵＳＪ重役陣はテーマパーク事業には素人同然であり、寄り合い所帯の欠点で社内の意思疎通も不十分だった。

○　ＵＳＪは大阪経済再生の起爆剤として猛烈に後押しされ、テーマパークの誘致から開業までわずか二年間で事業が進められたために各種準備が不足していたことに加えて、開業以来の来客数が当初の予想を大きく上回ったことで繁忙となり、業務の点検や見直しが進んでいなかった。

○　東京ディズニーランドが米ディズニー社にロイヤルティーを支払うだけの関係であるのと比較して、ＵＳＪは運営実務を米ユニバーサル・スタジオ社に実質的に掌握され、同社の意向を確認しないと何も意思決定できない状態であり、事ごとにハリウッド流を持ち込もうとする米側にＵＳＪは振り回されていた。

ケースⅨ　九条警察署における泥酔者放置死事件（二〇〇三年）

京都府警九条警察署において、地域課員が保護した泥酔者をガレージ内に放置して凍死させるという不祥事が発生し、その発覚を恐れた署幹部が、保護した場所をガレージではなくパトカー内とするなど関係書類の改竄を命じていた事件が、京都府警本部に対する内部告発で発覚した。九条警察署の元署長など九名が虚偽公文書作成容疑で、地域課員三名が業務上過失致死容疑（既に時効成立）で、それぞれ書類送検された。

〈事件の背景〉

○　事件の発生は警察改革がスタートする以前のことであって、当時の日本警察には組織の名誉を守るために職員の不祥事を隠蔽しようとする体質が一部に存在していた。

○　警察には泥酔者等を保護する義務が法律上課せられているが、泥酔者等を収容する保護室が十分に整備されておらず、問題の九条警察署にも保護室が設置されていなかったため、やむを得ず署内のロビーなどに寝かせておく運用が定着していた。

ケースⅩ　名古屋刑務所における受刑者暴行致死事件（二〇〇二年）

名古屋刑務所の刑務官が、反抗的な態度を続ける受刑者の肛門部に消防用ホースで高圧の水を吹き付け、直腸に重傷を負った受刑者がその翌日に腹膜炎で死亡した事件が内部告発により発覚した。事件を起こした刑務官は過去にも受刑者への暴行で戒告処分を受けた経歴があるなど悪名高い人物だったが、事件の現場には上司の看守長のほか数人の同僚刑務官がいたにもかかわらず、彼の暴行を黙認あるいは暴行の際に受刑者の手足を押さえるなどして荷担していた。

〈事件の背景〉

○　全国の刑務所は過密状態にあり、二〇〇二年一二月時点で定員六万五〇〇〇人に対して収容人員は六万八〇〇〇人に達し、名古屋刑務所でも定員一九〇〇人に対し二二〇〇人（定員より一五％増）を収容していたことで、刑務官・受刑者ともに高いストレスを抱えていた。

○　名古屋刑務所は他の刑務所と比較して暴力団関係者や再犯者などの取扱いが難しい受刑者の比率が高いため、受刑者に規律を守らせるのに暴力も辞さない「強面」の刑務官が上司から重宝されたことが、彼らの増長と暴走につながった。

2　機能しない内部告発制度

内部告発は、マスコミや行政機関、捜査機関などの外部に対して発信される告発と、正規の決裁ルートを経由せずに組織上層部に向けてなされる告発に大別される。本稿では、前者を「対外型内部告発」、後者を「対内型内部告発」（当該企業の顧問弁護士や親会社に対する告発は、広い意味での組織内部と考えられるので対内型内部告発として取り扱う。）に分類して以下で論ずることとする。

最近では、対外型内部告発によって経営上大きなダメージを受けるケースが続発していることを受けて、その予防策として対内型内部告発の受け皿となる窓口を整備する企業が増加している。この動きは自治体レベルでも進展し、これまで鳥取県、香川県、高知県、大阪府四条畷市、滋賀県近江八幡市などで告発制度（「公益通報制度」と呼称されることが多い。）の導入に踏み切り、長野県、千代田区などでも同様の制度を導入する予定である。しかし、「制度を設けること」と「その制度が実際に機能すること」は別問題である。一例を挙げると、ケースⅦの東京電力では、以前に他の電力企業で原発関連のデータ改竄事件が発覚したのを契機に各原発に「目安箱」を置くなどの対策を既に行っていたが、問題のトラブル隠蔽事件が発覚するまで、内部の不正行為に関する情報提供は一件も無かったというのが実状である。

対内型内部告発制度が機能しない最大の理由は、告発者側に根強い不信感が存在するためと考えられる。多くの日本企業では問題行為の隠蔽を続けてきた過去がある以上、対内型内部告発制度が整備されても、真の狙いは組織内の『不満分子』の摘発にあるのではないかと告発者が二の足を踏むのはむしろ当然のことだろう。告発の窓口として総務部局が指定されるケースが多いことも、不信感を更に募らせる原因となっている。これまで総務部局が総会屋対策などを担当して隠蔽工作の中心を担ってきたことは誰でも承知しているからだ。対内型内部告発制度を機能させるためには、どうすれば告発者の不信感を解消できるかという観点に立って議論する必要がある。

基本的に告発先を顧問弁護士等の部外に設定すべきことは言うまでもない。やむなく組織内に告発窓口を設ける場合にも、トップの直轄機関としてコンプライアンス部門などを新たに立ち上げて担当させるとともに、その部署に配置する職員の人選にも十分に配慮することが望ましい。また、告発者に氏名を明らかにすることを最初の段階から要求するのは性急にすぎる。告発者にコードネームを与え、以後はこのコードネームを使って連絡を取るように要請し、その後のやり取りを通じて告発者の不信感を徐々に取り除きながら、告発情報の詳細を引き出していくことが有用である。

対内型内部告発を受けた後の取扱いプロセスについても、問題のもみ消しや告発者の摘発がなされないことを制度的に担保する仕組みを整備すべきであり、

○　すべての告発案件についてトップ自らが目を通す（事務レベルに告発案件の軽重を判断させない。）。

○　告発の処理状況を報告する委員会を設けて、社外取締役や弁護士、公認会計士などを必ずメンバーに加えるとともに、この委員会の決定が経営サイドを拘束する旨を規則に明記する。

○　告発者保護のマニュアル、特に不正を指摘された部局に対して調査を行う際に告発者の秘密を保持するための手順を具体的に作成する。

○　告発者からの問い合わせに応じて調査の進行状況や結果を随時説明する。

の四点を確実に押さえておくことが必要である。

３　構造的問題への取組み

トップには、組織改革を進める上での情報源として内部告発を活用する「攻め」の視点が必要とされる。日ごろから改革の取組みが不十分な組織では、血管に沈着したコレステロールが動脈硬化を引き起こ

して血流を阻害するように、事なかれ主義の中間管理職や硬直した部内規則のせいで現場から経営幹部への情報の流れが次第に狭まっていくのが通例である。経営者の宸襟を悩ませないことを第一と考える側近が、「情報の耐火壁」を築き上げてトップを情報から遮断したり、情報に手を加えて内容を骨抜きにしたりすることさえ珍しくない。そのために、現場では自明となっている問題点が組織としてなかなか認知されず、対処の遅れが事態のさらなる悪化を引き起こすのである。

対内型内部告発は、顧客からのクレーム情報と同様に、経営者が現場の生の状況を把握するための貴重な情報源として奨励されるべきだ。しかし実際には、とにかく対外型内部告発だけは回避しようという「守り」の発想に立つ経営者が少なくない。この「守り」の観点から見ると、対内型内部告発もできるだけ少ないほうが良いということになり、もちろん奨励されるはずもない。これでは、告発を内部で抑えこもうとする旧弊から抜け出すことはできず、どのような告発制度を設けても、すぐに形骸化してしまうだけである。

「我が社でも部内の告発制度を作りましたが、有難いことにこれまで一件も告発がありません」などと嬉しそうにしているトップは、自らの経営センスの不足を曝しているのと変わりない。今後の経営者は、内部告発は組織に対する裏切りではなく、閉塞した組織制度を見直すための絶好の機会であるという建設的な考え方を自ら率先して組織内に普及させ、内部告発を奨励していく必要がある。

また、せっかく対内型内部告発を受けたとしても、その場しのぎの取り繕いがなされてしまっては意味がない。前述のケースⅠⅡⅣⅤは、マスコミなどに告発がなされる以前に何らかの形で対内型内部告発がなされていた事例であり、その対応が不十分であったことが対外型内部告発へとつながっている。内部告発の受理はあくまでもスタート地点であって、事案の背後に存在する構造的な問題に手をつけずして根本的解決はあり得ないことを自覚する必要がある。この構造的問題の典型的なパターンは次の三件である。

○ 自己正当化型（ケースⅠⅡⅦⅨ）　組織の掲げた重要目標を達成するためにはやむを得ないとして不正行為を自己正当化している事例

○ 慣行型（ケースⅠⅢⅣⅤⅦⅩ）　もともと同種の不正行為が継続的に行われていたために、関係者の規範意識が麻痺してしまっている事例

○ しわ寄せ型（ケースⅣⅦⅧⅩ）　上層部が現場に対して無理な要求を重ねたことで蓄積されたゆがみが破断界に達した事例

また、構造的な問題について検討する際に忘れてならないのは、組織の構成員の一人ひとりに染みついた組織文化の存在である。個々の構造的問題の除去と並行して組織文化の転換を進めない限り、いくら再発防止策を積み上げても機能するものではない。この組織文化の転換はボトムアップ方式では絶対に不可能であり、トップ自らが具体的かつ反復的に問題点を指し示して、個々の構成員の意識を変えていく必要がある。その点で、『説明力』がこれからの経営者に最も必要とされる資質と考えられる。

4　内部告発の社会的機能

前述のケース一〇件のうちで行政当局のチェック機能が不十分なことが問題の背景となっていた事例は

実に五件（ケースⅠⅡⅢⅤⅦ）に達し、行政の見直しを進める上で内部告発が非常に有用であることは論を待たない。最近ではこれをさらに進めて、対外型内部告発に関する制度を整備し、一つの「社会的機能」として行政と融合させていこうとする動きが加速しつつある。

日本経済が世界第二位の規模にまで成長し、産業活動も今日のように多様化した状況下では、企業の不正を行政当局が全般的に監視することは不可能に近い。もしやろうとすれば、各業界の最新事情に通じた者を行政機関に大量採用しなければならないが、その場合の行政コストは国民が到底負担できないほどの膨大な額に達するだろう。そのため、行政を補完する機能として対外型内部告発を利用することが、最も実務的な解決策として浮上している。行政には不正発覚時の調査や処分などに対応する体制を整備し、不正の発見という最も重要なポイントは対外型内部告発に期待する。こうして対外型内部告発を「社会的機能」として認知し、総合的な不正監視システムに組み込むことで、行政コストを肥大させずにチェック機能を飛躍的に強化するという考え方である。

ここで諸外国の状況を概観すると、米国では八九年に連邦政府職員を対象とした「内部告発者保護法」を制定したほか、「有毒物制限法」「地上運送補助法」等の個別法令に告発者保護の規定が盛り込まれ、さらに州単位でも同様の制度の整備が進められている。また、エンロン事件などの不正会計問題を受けて二〇〇二年に成立した「サーベンス・オクスリー法」でも、企業不正に関連した内部告発者を保護する仕組みを設けている。

米国の制度で非常に興味深いのは、内部告発者に多額の報酬を支払う「不正請求防止法」である。この法律は、連邦政府に対する不正請求事件を内部告発した場合、告発者を保護するだけでなく、政府が回収した金額の一五パーセントから三〇パーセントに相当する報奨金を支給することで内部告発を奨励するものである。一例を挙げると、二〇〇一年に武田薬品の米国子会社ＴＡＰが医療保険の不正請求事件で司法当局と和解した際には、内部告発者に数十億円の報奨金が支払われている。現在、米政府が内部告発により回収する金額は年間一五億ドルに達し、多額の報奨金に釣られて内部告発が乱発される傾向も認められる。

英国では、内部告発者の保護に関する包括法として「公益開示法」を九八年に制定し、政府職員の不正、環境汚染、医療過誤などあらゆる告発案件に適用されている。同法では組織内に告発システムが存在する場合には対内型内部告発を原則としているが、告発が部内で放置されたような場合には報道機関等への対外型内部告発も保護することとしている。また、韓国では、二〇〇一年に政治家や官僚の汚職を対象とする「腐敗防止法」を制定し、その中に告発者の保護に関する規定を整備した。この制度では、告発先は大統領直属の「腐敗防止委員会」とされ、米国と同様に告発者に対して最高二億ウォンの報奨金が支払われることとなっている。

残念ながら、日本における内部告発者の保護に関する法制は、東海村臨界事故の反省を受けて改正された原子炉等規制法などごく一部にとどまっている。首相の諮問機関である国民生活審議会では、消費者保護政策の一環として二〇〇二年九月に公益通報者保護制度の検討を開始し、同一二月には法整備の骨格となる中間報告案が提示されたが、告発先を「主務大臣等」に限定してマスコミを含めないという内容に異論が続出したため、検討委員会において引き続き議論することとされた。将来的には日本でも内部告発制度の法制化が進むと考えられるが、これまでの議論が告発者の保護に集中し、米国の「不正請求防止法」のように告発を奨励する制度にほとんど関心が払われていないことが懸念される。

正義とカネを絡めるやり方に日本的な心情から反発を感じる方も多いだろうが、日本でも、終戦直後に財産税が導入された際に、ＧＨＱの判断で告発者に徴税金額の二五パーセント以下を報奨金として交付する制度が設けられたところ、査察のための端緒情報を入手する上で非常に有用であったという前例がある。内部告発者は多大のリスクを負っている以上、単にその身分を保証するだけにとどまらず、そのリスクに見合ったリターン（収益）を与えるのは経済的にはむしろ当然である。今後、我が国でも社会的機能として内部告発を奨励していくのであれば、その実効性を高めるために告発者にインセンティヴを与える方策を検討することが必要であろう。

（二〇〇三年三月脱稿）

焦点13

東京電力の原発トラブル隠蔽事件とその教訓

1　隠蔽事件の発覚

二〇〇二年八月、東京電力の福島第一・第二原発と柏崎刈羽原発において、自主点検の際に発見されたトラブル二九件を隠蔽していた事実が発覚した。調査を実施した経済産業省の原子力安全・保安院（以下、「保安院」と略す。）では、二九件のうち「問題あり」が一五件、そのうち技術基準に適合せず法令違反の疑いのあるものが六件、法令違反ではないが通達違反の疑いのあるものが五件、違反ではないが不適切なものが四件と判定した（残りの一四件については「問題なし」との判断）。

この不正に対して保安院は刑事告発や行政処分を見送り、東京電力に安全確保面のシステムを再構築するよう指示し、今後は自主点検も含めて特に厳しく監視するという行政措置にとどめた。これは、経済産業省通達の定める現行の報告基準では、「原子炉の主要な機器に機能低下またはその恐れのある故障が発生した場合」に報告を要するとされているが、今回発覚したトラブルは炉心隔壁（シュラウド）や再循環系配管のひび割れなどで、その大半が報告基準以下の軽微なものだったためだ。ちなみに東京電力側では、このトラブル隠蔽の責任を取る形で役員五人が辞任している。

この隠蔽事件以外にも、東京電力の福島第一原発一号機で、原子炉格納容器に対する密閉性試験の際にデータの不正操作が行われたことが新たに発覚した。原発事故の際に放射性物質の流出をくい止めるために原子炉格納容器には高い密閉性が要求され、窒素ガスを容器内に注入してガスの漏洩率を計測する定期検査が義務付けられている。問題の不正操作は、事前に会社側で実施したテストで漏洩率が基準値よりも高かったため、九一・九二年の定期検査時に容器内にひそかにガスを足し、あるいは漏れの生じている弁を金属板で塞ぐなどして、漏洩率を基準値以下に抑えたというものだ。

前述の隠蔽事件は社内の自主点検に関するものだが、この不正操作は国の定期検査に対する妨害行為として電気事業法違反に該当し、その重みは格段に違う。既に時効（三年）が成立しているので関係者の刑事責任を問うことはできないが、問題の一号機に対して商業原発としては過去最長の一年間の運転停止命令が下されることとなった。

これらの一連の不正を受けて保安院が打ち出した再発防止策の柱は、

○　自主点検の法定化
○　軽微な損傷に関する報告の義務付け
○　虚偽報告などに対する罰則の整備
○　「維持基準」の導入

の四点である。

この四点のうち前三者は、これまで電力会社の自主点検には保安院への報告義務がなく、自主点検の範囲や点検方法、あるいは点検記録の取扱いも電力会社に一任されていたことが今回の隠蔽事件につながったという反省から制度化されるものだ。今後は、法定の自主点検として検査結果を国が審査するとともに、軽微な損傷についても報告が義務付けられる。また、点検記録が保存されていなかったり、記載が改竄されていたりした場合には罰則が適用されることになる。

防止策の第四点の「維持基準」は、原発を長年にわたって維持していく上で、この程度ならば安全性の観点から許容できるという損傷の範囲を示すものだ。例えば、ある配管にひび割れが発見された場合でも、肉厚が一定以上残っていれば安全性に問題はなく、その後は定期的に超音波検査でひび割れの深さをチェックすればよいといった内容である。

2　維持基準問題で露呈した官僚体質

実は、これまで日本には、原発の設計・製造時に関する基準しか存在せず、原発の運転開始後にもこの基準が適用されていた。つまり原発を常に新造時と同じ状態に保つことが要求されるわけだが、原発の設備や機器類が時間の経過とともに劣化していくのは当然だ。性能に影響のないようなわずかな劣化でさえ機器を交換しなければならないとすれば、原発の維持コストが天文学的な数字に跳ね上がることは避けられない。また、補修のために原発を頻繁に停止させなければならないので、電力の安定供給の上で重大な支障が生ずる。そのため欧米では、設計・製造時の基準と運転開始後の維持基準の二つが設定され、いったん運転が開始された後は、維持基準をクリアすればそのまま原発の運転を続けることが可能となっている。米国では既に三〇年も前にこの維持基準を導入している。

日本で維持基準の導入が遅れたのは、行政の怠慢という側面が強い。おそらく原発の商業運転が開始された六〇年代当時の通産省では、国民の核アレルギーを刺激しないための当面の便法として設計・製造基準だけを作り、機器の劣化が表面化するころには維持基準に切り換えようと算段していたのだろう。しかし、難事から身をかわそうとするのが官僚の習性であり、さらに八〇年代後半から国内外で相次いで原発関連トラブルが発生した結果、維持基準の導入が先送りにされ続け、現在に至ってしまったというわけだ。

このように官僚が責任を回避すれば、そのツケは現場に回ってくる。東京電力の関係者の話では、七〇年代に原発の損傷について通産省の検査官に報告書を提出したところ、受理できないと突き返されたことがあったという。原発の「安全神話」に傷をつけるような報告書の存在を通産省として認めるわけにはいかないから、記録に残さない形で修理しておけという意味だ。結局のところ、維持基準の必要性とその安全性について社会にきちんと説明する任務を放棄した通産省の消極姿勢が、軽微なトラブルは報告しなくてよいという東京電力の隠蔽体質を作り出していったのだ。

これと同列に考えられるのは、今回の二九件の中でも「最も悪質」と判定された炉心隔壁のひび割れ隠蔽の問題である。このひび割れは水中溶接によって簡単に修理することが可能であり、水中溶接という技法自体も米国では既に技術的に確立していた。それにもかかわらず、保安院の担当者は「水中溶接は新しい技法なので、何年も時間をかけてデータを取り、さらに審議会を開いて検討しなければ、認可することはできない」と東京電力に指摘したのである。

国の許可が下りるまで何年も原発を停止できないと東京電力側が考え、隠蔽に走ったのも無理はない。民間企業にとって時間がいかに大切かを理解していない官僚の硬直的対応が、この隠蔽行為を促したと言えよう。さらに付け加えれば、この水中溶接については保安院の後日の調査で認可は不要であることが判明し、権限や根拠をよくわきまえない官僚によってなされる行政指導の危険性を浮き彫りにした。

3 保安院の消極姿勢

今回の事件で世間の注目を浴びることになった保安院は、二〇〇一年一月の中央省庁再編において、資源エネルギー庁と科学技術庁が所管していた業務を分離し、新たに原子力関連施設の検査や規制を統合的に担当する機関として誕生した。そのねらいは、原子力行政を推進する立場にある資源エネルギー庁から検査・監督機能を独立させて、その中立性を担保することだった。これは、旧大蔵省（現財務省）から金融庁を分離独立させたのと同じ論理による。

しかし、保安院が組織として分離・独立しても、肝心の調査能力はお粗末だった。今回の隠蔽事件は二〇〇〇年七月に保安院に対して内部告発がなされたことで発覚したが、その後の保安院の調査は「被疑者」である東京電力にお任せであり、東京電力側から「告発内容に係る事実を確認できない」と回答されると何ら有効な手を打てなかった。

問題の検査を請け負ったＧＥ（ゼネラル・エレクトリック）社が告発情報を事実と認める報告書を保安

院に提出したのは、二〇〇二年一月のことだ。さらに、三月には、「報告書の改竄（ざん）について社員が自白した」とまで報告した。これを受けた保安院では、四月から五月にかけて東京電力に対するヒアリングを再三実施したが、結局は確認できないままだった。そして、五月末にＧＥ社が「改竄の疑いのある案件は二〇〜二五件」と詳細な報告書を提出したことで、八月になってようやく東京電力側がもう隠し通せないと観念して不正を認めたのである。

保安院が本格的な調査を進めたのは、東京電力が自認した八月以降のことであり、既に告発を受けてから二年の月日が経過していた。この調査の遅れについて、保安院側は「告発者名が東京電力側に分からないよう配慮したため」と当初説明していたが、後日の調査で保安院が告発者の氏名を東京電力側に伝えていたことが明らかとなった。この件について、保安院長ら保安院の幹部六人に戒告などの処分が下されたのは当然だろう。

これを教訓として、経済産業省では、告発に対する標準処理期間（一八〇日）の設定など詳細な調査要領を作成するとともに、保安院を監督する組織として、外部有識者からなる「申告調査委員会」を発足させた。しかし、この委員会のメンバーを実質的に選定するのは保安院の官僚であり、官製の委員会によく見られるように御用学者ばかり集めてしまうようなことがあっては監督機能が果たせるものではない。迂遠なようだが、保安院の職員一人ひとりの意識改革を進めることが必要であり、その場合に鍵となるのは電力会社関係への天下りの規制だろう。電力会社本体や関連企業・団体などに多数のＯＢ官僚が天下りしている状況では、保安院の職員が及び腰になるのは当然だからだ。

また、職員の意欲もさることながら、保安院の調査に限界があったのも事実である。その原因として第一に挙げられるのは体制の不足だ。村田事務次官自らが、「泣き言を言うわけではないが、圧倒的に専門家が少なすぎる」と記者会見で愚痴をこぼしているのが現状である。約二〇〇人体制の保安院は国内の五二基の原発を検査しているが、米国では一〇三基の原発を約二九〇〇人で検査している。検査体制を原発一基当たりで単純平均すると、米国の一四・三パーセントにすぎない。

原発はまさに各種技術の集大成のようなものであるため、関連するすべての分野について技術者を保安院内に確保することは今後も実現不可能であろう。ちなみに、この調査能力の不足は東京電力の内部調査でもまったく同様である。今回の事件で、東京電力は副社長をトップに総務・企画部門の職員で編成された社内調査委員会を設置したが、技術集団の原子力部門を調査するのは事務屋には重すぎる課題だった。今後は、保安院がリーダーシップを発揮して、このような不正調査に当たって必要な技術者を関係方面から手配する枠組みを整えていく必要があるだろう。

第二の問題は、保安院の検査に関する悪慣行だ。これまでの国の定期検査で一件もひび割れが発見されなかったのは、どの箇所を検査するかを決める際に、電力会社が候補を提示して、保安院の検査官がその中から選択するやり方を取っていたためだ。もともと現在の定期検査のペースでは一〇年間かけても全体の四分の一しか検査できない上に、肝心の検査箇所を電力会社側に選ばせているようでは話にならない。意図的に問題の無い部分だけを検査させられていたと考えて間違いないだろう。電力会社が隠蔽などするはずがないという「性善説」に基づいた検査では、トラブルを発見することなど到底不可能だ。検査の実質を取り戻すために、こういった電力会社側とのなれ合いの悪慣行を見直すことが急務である。

第三の問題は、保安院から検査を委託されているメーカーの不正だ。今回の隠蔽事件では、検査を実施した日立製作所までも東京電力の指示に従って隠蔽に荷担したことが明らかとなっている。メーカーと電力会社の技術者同士は日ごろから様々な接点があり、「検査する側」と「検査される側」の緊張関係を保つことが非常に困難である上に、東京電力は四三〇〇万人の住民に電力を供給し、年間総収入が五兆円を優に超えるマンモス企業だ。メーカーの側に『重要顧客への配慮』が存在するのは当然だろう。今後は、前述のように隠蔽行為に対して刑罰が科せられる予定であり、メーカー側も隠蔽に荷担すれば共犯となるため、相当な抑止効果が働くと期待できる。

4 企業の死命を握る内部告発

今回の事件で大きくスポットライトがあてられたのは内部告発の取扱いだ。前述したように、保安院は、東京電力側に告発者の元ＧＥ社職員の署名が入った資料を渡すとともに、そのプライバシーに関する情報まで提供するという失態を演じた。これを受けて、内部告発に関する調査の迅速化と告発者のプライバシー保護のため、保安院の中に内部告発の受付から調査までを一括管理する「申告調査課」が新たに設置される予定である。ちなみに、内部告発は電力会社の問題だけでなく、公共団体・民間企業を問わず、全国のいたる所で増加している。雪印食品の牛肉偽装事件や三菱自動車のリコール隠蔽事件が発覚したのも、内部告発によるものだ。

ムラ社会である日本型組織では、正規の意見具申ルートが閉塞し、社内に蔓延している不正に対して組織の自浄機能がなかなか働かないことが、内部告発の急増の原因となっている。例えば、東京電力では、以前から各原発に「目安箱」を置くなどの措置をとっていたが、これまで内部の不正行為に関する情報提供は一件も無かった。これは、通報の奨励は建前であって、実際に通報などしようものならば、どのような不利益を被るかわからないという意識が組織内部に存在したためだ。

今後の企業経営者は、不正行為の通報は組織に対する裏切りではなく、組織を見直す絶好の機会であるという考え方を部内に普及させていかなければならない。それも単に形式的に奨励するだけでなく、「どうして通報が組織にとって重要なのか」「通報者はどのように保護されるのか」などの点について、リーダー自らが率先して部下に説明していく必要がある。さもなければ、いずれは内部告発によって組織が重大な危機に直面することになるだろう。

内部告発は監督官庁にとって貴重な情報源だが、現実に日本で告発者の保護が法律の中に盛り込まれているのは原子炉等規制法だけだ。前述の雪印食品の事件でも、告発者だった倉庫会社社長は、雪印食品のために偽りの在庫証明書を作成したことを理由として行政当局から営業停止処分を受けている。告発者は問題事案にある程度関与しているのが通例であり、その関与を理由として告発者を処分すれば、内部告発が出なくなるのは必至だ。既に海外では、告発者に対する刑の減免、報奨金の授与、身分・待遇の保証などを内容とする制度が広く導入されている。我が国でも、告発者への保護法制をさらに拡充し、公共部門や公益性の強いサービスについては、内部告発に対する報奨金も検討する必要があるだろう。

5 隠蔽を生む組織文化

今回の事件を受けて東京電力でも様々な再発防止策を検討しているが、その実効性には疑問がある。東京電力では、以前に関西電力で使用済み核燃料輸送容器のデータ改竄事件が発覚したのを契機に「風土改革検討委員会」を社内に設置し、九九年三月の時点で、部門間及び本社と発電所の間の意思疎通が不十分、原発トラブルについて会社内と世間の受け止め方に大差など、今回の隠蔽事件の背景となった組織文化を的確に指摘していた。しかし、悪しき組織文化の存在を認識していることと、その問題の解決が進んでいることは全く別物である。

ゆがんだ組織文化は閉鎖されたムラ社会で生まれやすいが、今回問題となった原子力部門も専門化が著しく、人事ローテーションが本社と三か所の原発に限定されたことから、東京電力の内部でもさらに独特の組織文化が醸成されていた。東京電力の総発電量の四割が原発に依存していること、役員の中に原子力部門出身者が多いことなどによって生み出されたエリート意識も、唯我独尊的な組織文化の形成に大きく影響していたようだ。

組織文化は、その組織の構成員一人ひとりに染みついている行動・思考のパターンであるがゆえに、並大抵のことで変化するものではない。しかし、この組織文化の転換が進まない限り、いかなる再発防止策も十分に機能することはないのだ。東京電力内の『原子力族』の意識改革には、膨大な労力と時間を必要とするだろう。その際に、特に注意しなければならないのは実績評価の問題だ。「国の定期検査をつつがなくクリアして運転停止期間を最短に抑えることが現場担当者の実績」という暗黙の評価基準が組織内に存在したままでは、担当者は常に隠蔽の誘惑に駆られることになる。コンプライアンス（法令遵守）と地元住民への情報提供を最優先課題とした新しい評価方式を作成し、職員に対して明示すべきである。

なお、この組織文化の問題は、東京電力に限られるものではない。中部・東北・中国電力そして日本原子力発電においても、これまでの検査ではずっと異常なしだったにもかかわらず、東京電力での隠蔽事件が発覚した後には、ひび割れ事案が相次いで報告されている。そのすべてが最近になって突如発生したとは考えにくく、東京電力のケースと同様に、何らかの隠蔽工作がこれまで行われていたとするのが自然である。要するに、電力会社や公共部門のように顧客に配慮する必要がない組織体では、リーダーが率先して不断の組織改革を実施しなければ、唯我独尊的な組織文化が蔓延するのは避けられないということだ。

ただし、すべてを組織文化のせいにすることも適当でない。不正を容認する風土が組織内に存在したにせよ、その不正を行うかどうかは最終的には個人の問題である。しかし、東京電力の社内調査委員会が作成した厚さ二センチもの報告書では、隠蔽を指示した東京電力の責任者に全く触れていない。この点については、保安院次長も「犯人捜しをするつもりで調査したわけではない」と記者会見で発言し、原子力安全規制法制小委員会もこれに同調している。偽装牛肉事件などが契機となってコンプライアンスが企業の重要課題に浮上している現代に、このようなぬるま湯姿勢をとるのは大いに理解に苦しむところだ。「組織のためを思ってやったことであれば、個人の責任は問われない」という日本的感覚を助長するだけで、将来に禍根を残すことになりかねない。

今回の隠蔽が単に一部の現場担当者のレベルにとどまるならばともかくとして、高い地位を持つ役職者がそれを承知していたのであれば、その者の個人責任を追及するのは当然である。現場が目先のことにとらわれるのはある意味でやむを得ず、その暴走をチェックするのが役職者の仕事であるからだ。今回の事件でも、法律違反の疑いのある重要部分の隠蔽については、「本社の原子力管理部や発電所の上層部に相談した」と現場担当者が証言したと伝えられている。

その一方で、個人責任を追及しようにも、そもそも誰がどのような判断を下したのか藪の中というのが実情かもしれない。もともと改竄行為が組織的かつ日常的に実施されていて、指示者や実行者の特定が困難なことに加え、「不正を報告したはずだ」「俺は聞いていない」などと関係者の証言が食い違うケースが多かったようだ。「以心伝心」あるいは「阿吽の呼吸」と言えば格好が良いが、日本型組織における意思決定は、集団無責任状態に陥りやすい欠陥を持っている。責任の所在を明確にする意思決定プロセスの確立が、今後の重要課題の一つと言えるだろう。

❻ 今こそ原子力開発の必要性を訴えよ

隠蔽事件の影響で東京電力では一七基の原発のうち既に九基が運転を停止し、さらに四基の原発が定期検査のため近く停止する予定である。原発の運転再開には地元自治体の承認が必要だが、この一連の不祥事を受けて自治体サイドでは姿勢を硬化させている。このままの状態が続けば、東京電力は原発一三基約一三〇〇万キロワットの電源を失う勘定だ。

東京電力では休止中の火力発電所を再稼働させているが、それでも総供給力は約五三〇〇万キロワットにすぎない。冬場の電力需要は通常五一〇〇万キロワットだが、例年より寒さが厳しくなるようだと五四〇〇万キロワットに達し、供給力を超過してしまうおそれがある。また、今冬を何とか乗り切ることができても、電力需要が六〇〇〇万キロワットを超す夏場に対応することは困難だ。コスト的にも、原発を火力発電に切り換えた場合には一日当たり一億円、九基だと毎日九億円のコスト増となる。東京電力は地域独占企業であるため、このコスト増はいずれ消費者が負担することとなる。

長期的な影響はさらに甚大だ。経済産業省のプランでは、二〇一〇年までに原発を一〇〜一二基建設し、原子力による発電量を三割程度増やす予定だったが、今回の隠蔽事件によってすべてが画餅と化した。福島県・福井県などの新規原発予定地域では、不信感からこれまでの合意を白紙撤回する動きを見せている。このままでは経済活動に必要なエネルギーを賄い切れなくなるのは必至であり、二〇一〇年の経済成長率はほぼゼロになると試算されている。

また、地球温暖化防止のため二酸化炭素の排出量の削減目標を国別に定めた京都議定書では、九〇年のレベルと比較して排出量を六パーセント抑制することが日本の目標となっているが、この目標達成のための柱として期待されていたのが新規原発だ。原子力発電を火力発電に代えた場合、発電所一基当たり二酸化炭素の排出量が〇・五パーセントも増加すると試算されている。新規原発が一〇基ストップすれば五パーセント増となる。

京都議定書の目標を達成するためには、高率の燃料税を賦課するなどして燃料消費の極端な抑制を図るしかないが、そうなれば経済活動を大きく沈滞させることになる。化石燃料を使用しない太陽発電や風力発電も現状では微々たるものであり、近い将来に原子力を代替できるようなエネルギー源とはなり得ない。結局のところ、原子力開発を現時点でストップすれば、京都議定書の国際公約を破るか、あるいは経済への大打撃を甘受するか二つに一つの道しか残されていないのだ。

また、原発でMOX燃料（ウラン・プルトニウム混合酸化物）を燃やすプルサーマル計画は、いわば核燃料のリサイクルであり、資源小国の日本にとって重要なエネルギー供給源として期待されていた。しかし、受け入れを進めていた新潟県などの自治体が今回の不祥事を受けて事前了解の取消しを決め、東京電力のプルサーマル計画は頓挫した。既にデータねつ造問題で関西電力のプルサーマル計画が延期を余儀なくされ、今回、東京電力でも見通しが立たなくなったことで、具体的な実施計画は現時点でゼロである。このままでは、二兆円もの資金を投じて建設された核燃料再処理工場の稼働を遅らせざるを得ず、また、再処理工程に送れないために貯まる一方の使用済み核燃料を保管する施設を新たに建設することが必要となる。そうなれば、原子力発電のトータルとしてのコストを大きく押し上げ、我が国のエネルギー供給計画も大きく狂うことになる。

今回の事件を受けて、政治家も官僚も信頼回復を錦の御旗に掲げ、原子力開発に対して非常に消極的な姿勢だが、これは単なる問題の先送りにすぎない。日本の将来のことを考えれば、たとえ世論の猛反発を浴びようとも、いまこの時から原子力開発の必要性と原発停止で国民が受ける犠牲の大きさを説明しなければならないはずだ。国民の反発を恐れて何もしないというのでは、今回の隠蔽事件を生み出した過去の無責任体質と変わりない。勇気ある為政者がエネルギー問題の本質について国民に語りかける日が一刻も早く到来することを願ってやまない。

（二〇〇二年一〇月脱稿）

焦点14

● エンロン事件と資本市場改革

1 はじめに

二〇〇一年一二月、米国の巨大企業エンロンは、不正経理によって巨額の損失を隠蔽していたことが発覚し、信用不安に陥って倒産した。その後も米国では、主要企業で次々に不正な経理操作が発覚するとともに、大手会計事務所が不正経理に関与していた問題や、企業側と癒着した証券アナリストが偏向した分析内容を投資家に提供していた問題が次々と明らかになった。米国の資本市場を支えていた三つのチェック装置、「コーポレート・ガバナンス（企業統治）」、「公認会計士による会計監査」、「証券アナリストによる分析」のどれもが機能しなかったことに衝撃を受けて株価は急落し、米国経済は大きな打撃を受けた。

日本では、この一連の不正経理事件の発生を米国型資本主義の欠陥と受けとめ、旧来の日本的経営スタイルを擁護する論者が一部に見られるが、「日本よりもはるかに先進的な米国でも依然として今回のような問題が発生し得る」という問題意識を持つことが肝要である。不正経理問題の発生後に米国政府、議会、ＳＥＣ（証券取引委員会）などが打ち出したダイナミックな対策と迅速な制度改革には、今後、日本の資本市場を整備していく上で参考となる点が少なくない。本稿は、エンロン事件を中心にして米国の不正経理問題の実状を紹介するとともに、資本市場改革のための諸対策について解説する。

2 エンロンの手口

八五年に天然ガスのパイプライン会社二社が合併して誕生したエンロンは、その後ガス・電力などのエネルギー分野の規制緩和に乗って急速な成長を遂げた。ネット上でエネルギー取引を行う「エンロン・オンライン」は、二〇〇〇年には取引額三三六〇億ドルに達する世界一の電子取引市場となった。エンロンの基本的なビジネスモデルは、価格変動等のリスクを抱える取引を積極的に開拓して、優秀な人材とＩＴ技術を用いたリスク管理により収益を上げるというものである。この「エンロン・モデル」は経済学者やアナリストからも絶賛され、経済誌「フォーチュン」は、五年連続でエンロンを「最も革新的な米国企業」に選出していたほどだ。

エンロンの事業対象は、エネルギー関連だけでなく、通信ブロードバンド、金属、パルプ、水、果ては広告枠や天候にまで際限なく拡大し、エンロンの二〇〇〇年の売上高は一〇〇〇億ドルを超えて全米第七位となり、従業員は三万人を数えた。しかし、翌年春には、主力のエネルギー部門で市場の成熟化により利益率が低下するとともに、ＩＴ不況によってブロードバンド事業で多額の損失を被り、さらに米国内やインドでの発電事業の売却も難航するなど、事業の行き詰まりが露呈した。

二〇〇一年八月には、エンロンが行っていたＳＰＥ（Special Purpose Entity・特別目的会社）取引の問題点について内部告発がなされ、不正な経理操作が発覚した。一〇月に一〇億ドルもの巨額損失の発生と一二億ドルの自己資本減額を発表したエンロンだが、その後も新たな簿外債務が次々と判明するとともに、信用不安で各種取引も縮小し、ついに一二月二日に倒産した。エンロンのグループ全体の資産総額は六一八億ドル、債務残高は帳簿上だけで一六八億ドル、さらに簿外債務が最大で二七〇億ドルと推定され、八七年のテキサコを上回る史上最悪の倒産となった。

エンロンの不正経理で問題となったSPEは、投資組合や株式会社の形態を取り、投資家から資金を調達して特定の事業を実施するものである。米国の会計制度では、SPEに独立した経営者が存在し、総資産の三パーセント以上が利害関係のない外部の投資家から調達されていれば、親企業の連結決算の対象から外すことが可能だった。ただし、エンロンのSPEには、ファストウCFO（最高財務責任者）などのエンロン関係者が経営者に就任しているケースや、エンロンが投資家の資金調達を援助したり、エンロン株を担保に債務保証したりしているケースが認められ、会計基準違反の疑いが濃厚である。エンロンの株価は二〇〇〇年九月に最高値の九〇ドルに達し、翌二〇〇一年の年初にも八〇ドルの高水準を維持していたが、業績の悪化により同八月には株価が四〇ドルと年初の半値となった。この株価下落でSPEに提供していた自社株が担保価値を失ったため、莫大な損失を補塡しなければならなくなったことがエンロンの破綻につながった。

また、エンロンの会計監査を実施した大手会計事務所のアンダーセンが、エンロンに対するSECの調査が開始された直後に、数千通の電子メールなどエンロン関係の膨大な証拠書類を隠滅していたことが発覚した。この司法妨害罪に対して二〇〇二年六月に連邦地裁陪審が有罪の評決を下したことにより、監査業務の差し止めが不可避となったアンダーセンは、八月三一日に上場企業に対する会計監査業務の打ち切りを発表し、世界の五大会計事務所の一翼を担っていた同社は事実上消滅した。

３ 不正経理事件の続発

エンロンに続く形で、二〇〇二年春には、米国通信業界第二位のワールドコムの不正経理が発覚した。ワールドコムは高株価を活かした株式交換により七五件もの企業合併を繰り返し、九〇年代後半には長距離通信大手のＭＣＩコミュニケーションズを買収してＡＴ＆Ｔに匹敵する大手企業に躍進した。しかし、米国の通信バブルが崩壊し、さらに通信業界の激しい価格競争で収益が低下して、同社の急成長の原動力である株価が下がり始めていた（九九年に六四ドルだった株価が二〇〇一年には一〇ドル台に低下）ことから粉飾決算に及んだものである。

ワールドコムの粉飾の手口は極めて単純であり、他社の回線を使用する際に支払う「費用」を「資産」である設備投資の項目に付け替えていたというものだ。この経理操作によってワールドコムは九九年以降で九〇億ドルもの収益を水増ししていた。不正経理の発覚で資金繰りが行き詰まったワールドコムは二〇〇二年七月に破綻し、総資産一〇七〇億ドル、負債総額四一〇億ドルという数字は、エンロンを抜いて米国史上最大の倒産劇となった。このほかにも、主要企業で以下のような不正経理問題が続発したため、投資家の不信感が広がって株安が進み、七月にはダウ平均株価が同時テロ事件後の最安値を更新し、二〇〇二年上半期では時価総額で二兆四〇〇〇億ドルに相当する証券価値が消失した。

○ゼロックス（事務機器メーカー大手）　リース収入の前倒し計上によって売上を一九億ドル水増ししていたことが発覚

○ダイナジー、ＣＭＳエナジー（共にエネルギー大手）　「往復取引」[注1]による売上の水増しが発覚して両社ともＣＥＯ（最高経営責任者）が辞任

○クエスト・コミュニケーションズ、グローバル・クロッシング（共に通信大手）　「交換取引」[注2]による売上や収益の水増しが発覚し、クエスト・コミュニケーションズではＣＥＯが辞任、グローバル・クロッシングは経営破綻（負債総額約二五五億ドル）

○タイコ・インターナショナル（コングロマリット大手）　ＣＥＯが他の経営幹部と結託して一億ドルに達する会社資産を流用していたことが発覚

○Ｋマート（米小売業大手）　二〇〇二年一月に経営破綻（負債総額約一一三億ドル）した後、取引先からのリベートの計上の際に不適切な会計処理がなされていたことが発覚

（注１）　往復取引

ダイナジーとＣＭＳエナジーは、エネルギーの「往復取引」という手口で売上を拡大していた。一例を挙げると、ダイナジーが一定の電力をＣＭＳエナジーに販売し、すぐにその販売価格と同じ値段でＣＭＳエナジーから買い戻す。売買が相殺されて実際のエネルギー取引は生じないが、両社の売上がその取引額だけ水増しされる。この取引では売上高の増加とエネルギーの仕入れコストが等しいので利益は生じないが、当時のエネルギー業界では売上高の伸び率が会社の成長力を表す指標として重視されていたため、株

価を高めに誘導する効果があった。

（注２）　交換取引

クエスト・コミュニケーションズ、グローバル・クロッシング等の新興通信会社は、「交換取引」という手口で売上と利益を拡大していた。この交換取引とは、相互に通信回線の余剰容量の使用権を売買し、使用権を売却した側は全額を売上高に計上し、使用権を購入した側は設備投資として資産に計上するというものだ。設備投資の減価償却期間は二〇年であるため、毎年の費用として計上される金額は設備投資額の五パーセントにとどまるので、相互に売上高だけでなく帳簿上の利益までも水増しできる。経営破綻したグローバル・クロッシングは、この交換取引で売上高を二年間で九倍にかさ上げしていた。

４　不正経理問題の背景

１　株価至上経営の結末

不正経理が発覚したエンロン、ワールドコム等は、九〇年代に急成長して米国のニューエコノミーを代表する存在としてもてはやされていた。その急成長の原動力となっていたのが高株価である（エンロンの株価は九九年に五五パーセント、二〇〇〇年には八七パーセントも上昇した）。株価の上昇によって格付けが高くなると、社債の金利が下がるなど資金調達コストが軽減できた。業務拡大の切り札のM&A（企業の吸収合併）は、被買収企業の株を買収企業の株と交換する形態をとるため、株価が高いほどM&Aを有利に進めることが可能だった。また、優秀な人材を確保するために、将来の株価上昇をあてこむストック・オプション(注3)（自社株購入権）制度が多用されていた。しかし、高株価が高成長を支える原動力であるということは、株価が低下すればサイクルが逆回転することになる。米国経済が減速して高株価を維持するだけの業績を挙げるのが困難となった時、窮した経営者が手を染めたのが決算数字の粉飾というわけだ。

（注3）　ストック・オプション制度

ストック・オプション制度は、あらかじめ設定された行使価格で自社株を購入する「権利」を経営者や従業員に提供するものだ。会社の株価が将来高騰すれば、このオプション権を行使して、市場価格よりも安い行使価格で自社株を購入して莫大な利益を獲得できる。このストック・オプション制度は、株価上昇を求める株主と経営者の利害を一致させて経営能力を引き出す効果的な手法として、米国では八〇年代以降さかんに導入されている。特に、創業初期の段階では財務の弱いハイテクベンチャー企業が、人件費を支出せずに優秀な人材を確保する手段として多用していた。

2　機能しなかった社外取締役

コーポレート・ガバナンス（企業統治）は、企業の業績向上と不祥事の防止のために経営陣の業務執行状況を監視するシステムである。その中でも中核的な役割を期待されているのが社外取締役であり、外部の有識者を社外取締役に任命して経営陣の業務執行を監視させるというものだ。経営者に問題がある時には取締役会で経営者の責任を追求し、場合によっては解任することが、社外取締役に期待されている最も重要な機能である。

実は、このコーポレート・ガバナンスの面でこれまで最高と評価されていた企業がエンロンだった。エンロンの取締役会一七人の中には、元ＧＥ会長や元スタンフォード大学ビジネススクール学長など一五人の著名な社外取締役が揃っていた。それにもかかわらず、エンロン経営陣の暴走を許してしまった理由としては、社外取締役がＳＰＥの複雑な仕組みやリスクを承知していなかったこと、経営内容の詳細を把握していなかったことなどが挙げられるが、根本的な問題は、経営者側が自分の知り合いを社外取締役に選出する悪弊（俗に「クローニー（仲間内）資本主義」と呼ばれる。）である。エンロンの社外取締役には、エンロンから多額のコンサルタント料を受けていた者や、エンロンの取引先の取締役などが含まれており、このように社外取締役が経営陣と馴れ合った状態では、監視機能を果たせるはずもなかった。

３　行き過ぎたストック・オプション

米国では、過去二〇年間に一般労働者に対する報酬は二倍となったが、ＣＥＯ（最高経営責任者）の報酬は四〇倍に膨張（ニューヨーク・タイムズ紙の調査によると、大手二〇〇社ＣＥＯの二〇〇一年の報酬平均額は約一五五〇万ドルに達する。）し、そのかなりの部分がストック・オプションによるものだ。このように、米企業の経営陣にとって莫大な報酬源となっていたストック・オプション制度が、相次ぐ不正経理を引き起こした原因の一つとして指摘されている。ストック・オプションを大量に所有している経営者が、自らの利益を図るために会計を不正操作して株価を吊り上げようとしたわけだ。

エンロンのケースでも、ＣＥＯをはじめ二九人の経営幹部が九九年から二〇〇一年までに総額一一億ドルに達する自社株売却を行っていたことが明らかとなり、インサイダー取引疑惑が取り沙汰されている。また、ワールドコムの場合には、全社外取締役に多額のストック・オプションが付与され、経営を監視する立場にある社外取締役が、粉飾決算による株価上昇の恩恵を受けていた。

4　監査の独立性の欠如

監査業務は一般投資家の保護のために行われているが、その報酬は企業側から提供されるという「捩れ」が存在し、監査の中立性を保つ上での大きな障害となっている。さらに、米国の大手会計事務所は、監査業務以外に経営に関するコンサルティングを請け負っているケースが多く、監査以外の報酬が監査業務の報酬を大きく上回っているのが実態であり、このコンサルティング業務を獲得しようとするあまり、顧客企業と「良い関係」を保とうとして監査がどうしても甘くなってしまう傾向が指摘されていた。特に、不正経理問題で破綻したアンダーセンの場合には、会計規則の隙間を衝く手法を積極的に顧客企業に教示した疑いが濃厚である。ちなみに、エンロンが二〇〇〇年にアンダーセンに対して支払っていた監査料は二五〇〇万ドルだが、コンサルティング料は二七〇〇万ドルに達し、アンダーセンにとってエンロンは報酬金額第二位の重要顧客だった。

5　証券アナリストの癒着

エンロンに対しては、銀行や証券会社などの外部の証券アナリストが、倒産寸前まで投資家に同社株の「買い」を勧めていた。これは、エンロンに不利な分析をして睨まれると、M&Aの仲介や株式・社債の発行などの投資銀行業務を獲得できなくなると危惧していたためである。ワールドコムについても、同社株の「買い」を積極的に推奨していた大手証券会社のアナリストがワールドコムの取締役会に出席していたなどの癒着ぶりが明らかとなっている。

この癒着の背景としては、株式売買手数料の自由化で証券会社の手数料収入が減少して証券アナリストの所属部門の収益力が低下する一方で、M＆Aの増加により投資銀行部門の収益が拡大し、証券会社内部ではアナリストが投資銀行部門に従属する傾向が強まっていたことが挙げられる。その結果、証券アナリストの分析レポートは投資銀行部門が契約を獲得するための道具と化し、分析内容を投資銀行部門が事前にチェックしたり、アナリストの報酬が投資銀行部門への貢献度によって決められたりする状態に陥っていた。

6　SECの対応の遅れ

不正経理問題に対して「資本市場の番人」と呼ばれるSEC（証券取引委員会）の対応が遅れたことも問題となっている。その原因については、SECの体制不足とともに、SECの大手企業寄りの姿勢が批判されているが、SECは年間四～五〇〇件の摘発実績を積み重ねるとともに、会計数字がマネーゲームのように操作されている現状についても以前から警告を発していた。二〇〇〇年秋には、当時のSEC委員長が、会計監査の中立性を確保するために、会計事務所の監査部門とコンサルティング部門の分離などの改革案を提出したが、会計事務所側のロビー活動によりつぶされている。

SECの摘発を遅らせた要因の一つに、米国の会計基準それ自体の問題が見逃せない。米国の会計基準は非常に細かくルール化されているが、これを逆に言えば、ルールに直接抵触しなければどのような会計処理でも許されるということを意味する。そのため、会計事務所がルールをかいくぐる「裏技」を企業側に教示しているとかねてから指摘されていた。今回の一連の不祥事で使われた不正経理の手口も、全体としては当該企業の経営状況を正確に反映していないという問題がある一方で、個々の会計処理としては必ずしも違法とは言い切れないものが多いのが特徴である。

5　米国の対策

1　企業会計改革法の成立

米国では、企業会計に対する投資家の不信を早急に払拭するために、二〇〇二年七月末に企業会計改革法（サーベンス・オクスリー法）を緊急立法した。同法では、インサイダー取引、株価操作等の証券詐欺を最高二五年の禁固刑（現行では五年）に、捜査妨害となる会計書類の改竄(ざん)や破棄を最高二〇年の禁固刑（現行では一〇年）に、決算書などの虚偽記載を最高二〇年の禁固刑（現行では五年）にするなど、企業不正に関する罰則を引き上げ、あるいは新設した。このほか、不正の疑いがある場合に経営者に対する報酬支払いの凍結、不正に取得した利益の投資家への還元、粉飾決算などの不正を働いた経営者が上場会社の役員になることの禁止などの諸規定が盛り込まれた。

会計事務所に対しては、これまでＡＩＣＰＡ（米国公認会計士協会）などによる自主規制が基本となっていたが、企業会計改革法では、ＳＥＣの監督下にＰＣＡＯＢ（公開会社会計監視委員会）を新たに設置し、会計事務所に対する管理監督権のほか、監査基準や倫理規定を設定する権限を付与した。また同法は、会計事務所の独立性を確保するために、監査対象企業に対して帳簿管理、会計システムの設計、経営コンサルティング等の業務を提供することを禁止するとともに、会計士が同一企業の監査を続けることを最長五年間に制限した。

2　SECによる対策

二〇〇二年六月、ＳＥＣは売上高が一二億ドルを超える九四二社のＣＥＯとＣＦＯに対して、財務報告書が正確であることを保証する宣誓書を提出するように義務付けた。同八月には、四～六月期の報告書を作成した約七〇〇社の主要企業のほとんどが、この宣誓書を提出している。その後ＳＥＣは、保証を必要とする対象を総資産一〇〇〇万ドル以上、株主五〇〇人以上の企業に拡大し、これによって対象企業は約一万四〇〇〇社となり、ＮＹＳＥ（ニューヨーク証券取引所）やナスダック（店頭株式市場）の公開企業が網羅されることとなった。この保証措置については、その後に制定された企業会計改革法で罰則が整備され、ＣＥＯ等が不適切な開示内容を保証した場合には最高一〇年の禁固刑、不適切な開示内容を故意に保証した場合には最高二〇年の禁固刑が科せられることとなった。

次に、情報の迅速な開示のための措置として、経営者が自社株を売買したり、大株主が株式を売却したりした場合の届出を、ＳＥＣは原則二日以内に短縮した（現行は売買の翌月一〇日まで）。また、決算書類の提出期限も短縮され、年次報告書については六〇日以内（現行は九〇日以内）、四半期報告書については三〇日以内（現行は四五日以内）となった。このほかＳＥＣは、日常的な情報開示の対象となる「重要な経営情報」として、格付けの変更、経営陣の退任、会計基準の変更等の事項を列挙し、発生後二日以内に開示するように新たに義務付けた。

3　その他の機関による対策

ＮＹＳＥは、社外取締役による監視の強化、社外取締役の独立性の強化等を内容とする上場企業のコーポレート・ガバナンス規則改正案を理事会で承認し、同案の認可をＳＥＣに申請している。

会計基準を定める民間団体のＦＡＳＢ（財務会計基準審議会）では、ＳＰＥを連結対象外にする際の基準として、外部投資家からの出資比率の下限をこれまでの三パーセントから一〇パーセントに引き上げるとともに、リース収入の前倒し計上や往復取引・交換取引などの粉飾決算に利用されやすい会計処理についても制限を加える予定である。また、米国の会計基準があまりに細かくルール化されていることに対する批判を受けて、今後は会計基準を簡略化してプリンシプル（原則）ベースに改める方針を発表している。

ＮＡＳＤ（全米証券業協会）では、証券アナリストの中立性を確保するため、アナリスト本人や証券会社が利害関係を持つ企業への投資を推奨する場合には、関連情報を開示することを義務付けた。また、証券会社内部で投資銀行部門がアナリストに圧力をかけるのを予防するために、アナリストを投資銀行部門の管理下に置くことや投資銀行部門の収入をアナリストに分配することを禁止している。

4　捜査の徹底

二〇〇二年七月、ブッシュ大統領は、企業の不正行為を摘発するための省庁横断的な組織として「企業不正摘発特別チーム」を大統領令により設置し、新組織の長にはトンプソン司法副長官が就任した。

この特別チームには、司法省のほかにＦＢＩ、ＳＥＣ、ＦＴＣ（連邦取引委員会）、ＦＣＣ（連邦通信委員会）も参加し、情報の交換や捜査方針の決定を行うとともに、重要企業犯罪に対する政策や法規制について大統領に勧告する機能も有する。

エンロン関係では、会計基準すれすれの処理で違法性の認定が困難なケースが多いために捜査が難航していたが、二〇〇二年八月にファストウ前ＣＦＯの側近として簿外取引に深く関与していた幹部社員が、司法取引に応じてマネーロンダリングと詐欺の罪状を自認した。これを受けて、同年一〇月に証券詐欺など計七八の罪状でファストウ前ＣＦＯが起訴されている。ワールドコム関係では、司法省は独立調査官を設置して経営陣の違法行為を集中的に捜査し、二〇〇二年八月には前ＣＦＯ等を投資家に虚偽情報を与えた証券詐欺の容疑で逮捕・起訴した。このほかにも一連の企業不正に関連して、タイコ・インターナショナルの前ＣＥＯなど約一五〇人の企業幹部が同年九月末の時点で訴追されている。

⑥ 日本の対策等

1　経営に対するチェック機能の不在

日本では、関連企業間の株式持合いシステムが発達し、株主から経営責任を追及されるおそれがなかったことが、バブル期の放漫経営を生み出す要因となった。その反省を受けて日本でも経営陣に対する監視機能としてコーポレート・ガバナンスが大きなテーマに浮上したが、その際に参考にされたのが米国型システムである。二〇〇一年の商法改正では監査役の独立性が強化され、二〇〇二年の商法改正では米国型の経営形態の導入が認められた。

最近では、株式持合いで中核的な役割を担っていた金融機関の経営が悪化したことで、持合いシステムも弱体化しつつあるが、肝心の機関投資家が企業経営に対して発言することを依然として避けるなど、コーポレート・ガバナンスの点で日本はまだまだ未成熟と言わざるを得ない。既に社外取締役制度を導入した一部企業でも、経営の詳細について経営陣と議論できる人材が少ない、経営者の友人が社外取締役に選出されることが多い、一部の著名な経営者や学識経験者に社外取締役の指名が集中しているなど、エンロン事件と全く同様の問題が発生している。

また、日本では、二〇〇二年四月に改正商法が施行されてストック・オプションの発行に関する規制が大幅に緩和されたことで、ストック・オプション制度が急速に普及しつつある。既にクレディセゾン、サンリオ、パルコなどの著名企業がストック・オプション制度の導入を発表している。ただし、ストック・オプションに関する包括的な会計基準が日本ではいまだに整備されていないため、将来的には米国と同様にストック・オプションを巡る問題が浮上する可能性が高い。

2　監視委員会とSECの相違点

米国での不正経理問題を受けて、日本でも金融庁証券取引等監視委員会（以下、「監視委員会」と略す。）の重要性が再認識されている。しかし、この監視委員会が平成一三年事務年度（二〇〇一年七月～二〇〇二年六月）に証券取引法違反で告発した件数はわずか七件（前年比二件増）にすぎない。これに対して、ほぼ同時期に米SECで摘発した件数は五九八件（前年比二四パーセント増）に達してい

る。このように顕著な差異が生じた理由としては、

○　独立行政委員会として広範な権限を有するＳＥＣに対し、あくまで金融庁の一機関にすぎない監視委員会は固有の行政処分権や規則制定権を持たない

○　ＳＥＣの体制が約三三〇〇人に達している一方で、監視委員会は二〇〇二年に定員を増やした後も一八二人にすぎない

○　ＳＥＣ職員の大半は公認会計士や弁護士の資格を持っているが、監視委員会にはこのような資格を有する人材が少ないため、粉飾決算を見抜く能力が不足している

などの点が挙げられる。

この状況を踏まえ、総合規制改革会議の答申では、監視委員会に政省令の規則制定権を付与する等の対策を早急にまとめるように政府に要求している。今後は、より抜本的な対策として、金融庁から監視委員会を独立させた上で強力な権限と十分なマンパワーを与え、「日本版ＳＥＣ」を設立することが検討されなければならない。

3　監査法人の動き

日本でも米国と同様に監査法人の集中化が進展し、朝日、中央青山、トーマツ、新日本の四大監査法人がシェアの九割を占める寡占状態となっている。この監査法人の統合は、

○　監査マニュアルやソフトを整備するためには一定以上の規模が必要

○　日本企業の海外進出に合わせて米国の会計事務所と提携する際に、米国側が寡占状態にあるので

日本側でもそれに合わせる必要がある

○　監査結果の審査体制を内部で整えたり、監査担当者を数年ごとにローテーション運用したりするためには一定以上の規模が必要

等の理由によるものである。二〇〇二年三月期の業務収入をみても、第一位の新日本監査法人の約四八一億円、第四位の朝日監査法人の約三六八億円に対し、第五位の東陽監査法人は約一六億円にすぎず、四大監査法人とそれ以外との落差は大きい。

最近では、日本でも監査内容を巡って訴訟となる事案が発生していることや、米国で大手会計事務所アンダーセンが崩壊したことを受けて、四大監査法人では監査報告書に「不適正意見」や「意見差し控え」を記載するケースが急増し、一部では会計内容に疑問がある企業との契約を解除する動きも見られる。しかしその一方で、中小監査法人や個人事務所の場合には、特定の顧客企業からの収入に依存する割合が非常に高いため、どうしても監査に対する姿勢が甘くなる傾向が存在する。二〇〇一年に摘発されたフットワーク・エクスプレス事件はその典型である。このような状況下では、今後も同種の問題事案が発生する可能性は決して小さいものではない。

なお、監査とコンサルティングの分離については、大手監査法人のうちトーマツを除く三法人は既にコンサルティング部門をグループから分離し、トーマツでも出資比率を徐々に引き下げている。日本の監査法人では依然として監査業務が収益の柱であり、四大監査法人のコンサルティング業務収入は平均で総収入の二割にすぎないため、監査とコンサルティングの分離は日本では比較的容易に進むと考えら

れる。

【参　考】　公認会計士が関係した最近の不正事件

日本で公認会計士が関係した最近の不正事件は次のとおりである。

○　大和銀行巨額損失事件　九五年九月に、大和銀行ニューヨーク支店で一一億ドルの巨額損失が発覚した事件で、日本公認会計士協会の綱紀委員会は、「監査手続きに反省すべき点がなかったとは言い難い」として、監査を担当した太田昭和監査法人（現新日本監査法人）と四名の会計士に対して厳重注意処分を下した。

○　ヤオハンジャパン事件　九七年に経営破綻したヤオハンジャパンが決算を粉飾して約一三億円を株主に違法配当していた事件で、「相当の注意を怠った」として、大蔵省は監査を担当した中央青山監査法人に戒告処分、二人の会計士に三か月の業務停止処分を下した。

○　三田工業事件　三田工業が九七年までの五年間に決算を粉飾して約九億円を株主に違法配当していた事件で、公認会計士が粉飾決算を見逃すかわりに高額の報酬を受け取っていたとして、商法特例法の収賄罪で検挙された。この公認会計士は懲役二年（執行猶予四年）、追徴金約三〇〇万円の判決を受け、公認会計士の登録も抹消された。

○　フットワーク・エクスプレス事件　運送会社フットワーク・エクスプレスが九七年から九九年にかけて架空収益四二四億円を計上していた証券取引法違反（虚偽有価証券報告書提出）事件で、虚偽の財務書類と認識しながら監査証明を出したとして、二名の公認会計士が逮捕された。

金融庁は、同社の監査を実施した瑞穂監査法人に対して業務停止一年、公認会計士両人に対して登録抹消処分を下した。監査法人が業務停止処分を受けたのは、これが初めてのケースである。この瑞穂監査法人は、トーメン、阪神電鉄など約二〇社の上場会社の監査を担当し、業務収入は国内第九位に位置していた。

4　証券業界の対応

日本の証券市場は、米国と比較して個人投資家の比率が小さく（九九年の統計数字で個人金融資産中に株式・証券の占める比率は、日本一五・八％に対し米国五七・七％）、証券アナリストは主として投資の専門家である機関投資家に対して情報提供を行っていた。そのため、証券アナリストの影響力が相対的に小さく、その独立性の確保についてもこれまで問題とされなかった。しかし、証券アナリストが大手法人顧客に対して過度に配慮する傾向については証券業界内部でも既に指摘がなされており、今後、個人投資家の保護のために注意を払っていく必要がある。なお、日本証券アナリスト協会では、証券アナリストの独立性確保の観点から、会員の職業行為の指針として制定している「証券アナリスト職業行為基準」を二〇〇二年に一部改正している。

5　世界の動き

ＩＡＳＢ（国際会計基準理事会）が新たに発表した会計基準では、ストック・オプションを交付した時点で金利や株価の値上り確率をもとに理論的な時価を計算し、決算の際に費用として計上することが義務づけられた。ＥＵ加盟国の上場企業は、この国際会計基準を二〇〇五年から採用する予定であり、特に英国では前倒しで二〇〇四年からすべての国内企業に義務付ける方針である。この国際的な流れを受けて、米ＦＡＳＢもＩＡＳＢと覚書を交わして米国基準と国際基準の統一に向けた作業を開始しており、その際にストック・オプションの問題についても議論されるものと見られる。

また、企業の信頼回復のための枠組み作りとして、ＩＳＯ（国際標準化機構）は、コンプライアンス（法令遵守）や消費者保護の観点から企業の組織構成や情報公開に対する姿勢などの企業の内部管理体制をチェックする規格を作成中であり、二〇〇四年に発効させる予定である。この新規格は、企業が自らの健全性を証明して投資家にアピールするための国際的な指標となることが予想される。

（二〇〇二年一二月脱稿）

〈追　記〉

二〇〇三年五月、政府が金融関連三法案の一つとして国会に提供していた公認会計士法改正案が参議院本会議で可決、成立した。今回の改正の主なポイントは、以下のとおりである。

○　公認会計士が監査以外の業務で継続的に報酬を受けている大企業に対して監査を行うことを禁止
○　公認会計士が特定の大企業の監査を五年（初回のみ七年）連続して実施した場合、当該大企業に対する監査業務に従事することを一定期間禁止
○　日本公認会計士協会の行う研修の受講を公認会計士に義務付け
○　監査を実施した企業に公認会計士が就職することを一定期間制限

○　監査証明が原因となって発生した債務を監査法人の財産で完済できない場合、当該監査を実施した公認会計士のみが無限責任を負担

○　投資家保護のために監査法人に立入検査する権限を公認会計士監査審査会に付与

この法改正は、日本の会計制度を国際水準に大きく近づけるという点で非常に画期的であり、本法作成のために牽引車となって尽力した塩崎恭久・自民党財務金融部会長の功績は高く評価されなければならない。ただし、この法律中で公認会計士の使命に関する規定が「公認会計士は、（中略）会社等の公正な事業活動、投資者及び債権者の保護等を図り、もつて国民経済の健全な発展に寄与することを使命とする」（傍線筆者）とされている点は、監査対象企業からの独立性を確保する上で問題があると言わざるを得ない。

この点については、塩崎議員の当初案では投資家と債権者の保護だけが使命とされていたが、自民党幹部から「公認会計士は企業から報酬をもらっているのだから、企業のために働くとすべきだ」と横槍が入って修正されてしまったと報道されている。このような企業側への阿り（おもね）が国際金融社会における日本の信用度をさらに低下させ、結局は海外で活躍する優良日本企業の足を引っ張ることを、国政レベルでいまだに認識していないとはあきれるほかない。

焦点15

雪印乳業食中毒事件と広報対策

1 広報対策の意味

二〇〇〇年夏、雪印乳業の大阪工場から出荷された乳製品が原因となった食中毒事件が発生し、被害者が一万四〇〇〇人を超える事態にまで発展した。そして、ずさんな製品管理と事件への対応の遅れを厳しく糾弾された雪印乳業は、大阪工場の閉鎖、各地の事業所の操業停止、さらに企業イメージの悪化による売上の低迷と返品の急増など、まさに企業としての存続の危機に直面するに至った。

特に、雪印乳業に対する消費者の不信感を決定的に増大させたのが相次ぐ広報の失敗であり、これは広報対策に関する経営者側の無知に起因すると考えられる。広報対策は、ただの広報ではなく、広報活動を通じて行う「対策」でなければならない。その第一の目標は、マスコミを通じて「適切な対応によって緊急事態は終息に向かいつつある」と伝達すること、これを少し言い換えれば、関係者に安心感を与えることである。

緊急事態においては、関係者がパニックに陥ったり、群集心理に駆られて行動しがちである。そして実際にも、緊急事態それ自体よりも、それによって生じた心理的動揺による二次被害の方がはるかに深刻なことが多い。その好例が第一次石油ショックである。産油諸国が発動した石油戦略によって日本への石油供給が減少するという風説（実際には、この期間の石油輸入量は全く減らなかった。）により、民衆が商品の買いだめに狂奔した光景を、年配の読者の多くが記憶しているだろう。

広報対策を通じて、このような関係者の心理的動揺を早期に解消し、各種対策をスムーズに実施できるように環境を整えることが可能となる。その点で、広報対策は、どのような危機管理においても最重要対策の一つに挙げられる。しかし日本では、広報対策と広報を混同している経営者が少なくない。「広報はマスコミ関係者へのサービス」「広報ではとにかく事実関係だけを手短に読み上げればよい」といった考え方がその典型である。危機管理担当者は、この雪印乳業のケースを他山の石として、広報対策の意味を再認識することが必要だろう。

2 テレビ時代の広報対策

現代のテレビ化社会では、記者会見の映像が直接お茶の間に届けられるため、広報対策では、説明する内容だけでなく、相手に与えるイメージというものが非常に重要となってくる。例えば、会見者の表情、話し方、動作などテレビ映像から受ける印象が、関係者に安心感を与えられるか否かの大きなポイントとなるわけだ。その点で米国政府関係者の記者会見は格好の模範であり、危機管理担当者は是非参考にしていただきたい。このテレビ時代の広報対策において留意すべき基本事項は、次の三点に整理できる。

1　頼り甲斐があるという印象を与えよ

緊急事態においては、人々は無意識のうちに強いリーダーシップを期待するため、会見者の外見は非常に大きなポイントになる。「頭髪がボサボサ」「疲労で顔に脂が浮いている」「声が小さい」「猫背」「オドオドしている」「目線がさまよっている」などは、会見者が事態の掌握に自信を持っていないという印象を視聴者に与え、大きなマイナス要因となる。

また、頼り甲斐があるように見せるためには、会見場所の設定が非常に重要である。俗に「オーラ効果」とも言われるが、記者会見の会場が薄汚い部屋であったりすると、会見者まで貧相に見えてしまうからだ。

2　視聴者が相手ということを忘れるな

記者会見の場で報道陣は挑発的な質問を放ってくることが多いが、これに対して立腹したり、あるいは小馬鹿にしたりするような態度をとることは禁物である。それがマスコミ関係者に対するものでも、そのままテレビで放映されてしまえば、視聴者は自分たちに敵意が向けられていると感じてしまうためだ。記者会見の場で対面しているのはマスコミだが、そこで実際に話しかけているのは一般大衆だという感覚を会見者は忘れてはならない。

また、記者会見の席上で、会見者が同僚とヒソヒソと内緒話をしたり、曖昧な答弁を繰り返したりすれば、視聴者は「何か隠しているのではないか」と不信感を持つことになる。そして、いったん不信感が醸成されてしまえば、それを払拭することは不可能と言ってよい。

3　官僚的という印象を与えるな

雪印乳業のケースでは、記者会見の席上で雪印乳業幹部が「下痢の症状があるといっても、事件と関連があるかどうか、今の段階では言い切れない」と発言している。この発言それ自体は科学的に正しいが、記者会見での言葉としては明らかに不適切と言わざるを得ない。広報対策が効果を発揮するためには、会見者が一般大衆の共感を得ることが必要とされるが、この発言を聞いた視聴者は、雪印乳業に対して「官僚的」というイメージを持ったはずだ。

また、会見者が原稿から目を離さずに棒読みしたり、あるいは部下にたびたび確認したりするのも禁物である。そのような様子を見た視聴者は、会見者は「殿様」であって、自分では状況を全く把握していないと感じるだろう。

3　危機の本質に対する誤解

雪印乳業の失敗の背景として、同社の首脳部が、今回の危機の「本質」を完全に誤解していた点を指摘する必要がある。発表の遅れ、立入検査への非協力、汚染箇所の洗浄による証拠隠滅などの雪印側の対応を見る限り、「大阪工場が操業を継続できるかどうか」に雪印乳業側の関心が集中していたことは間違いない。少し言い換えれば、なるべく大阪工場の売上が減らないように本件を処理しようと安易に考えていたのだろう。

しかし、今回の危機の本質は、一工場の売上といった局地的なものではなく、「雪印ブランドへの消費者の信頼をつなぎとめられるかどうか」という全社レベルの危機であった。雪印乳業は、一般大衆を相手に商売をしている企業でありながら、本事件がブランドイメージに与える影響についての認識が全く欠落していた。問題の大阪工場での年間売上は約二〇〇億円で、雪印乳業全体の三・七パーセントにすぎないことを考えると、危機の本質を誤解していたことで雪印乳業の受けた打撃はあまりに大きいと言わざるを得ない。

また、本件について消費者から最初の連絡が入ったのは六月二七日だが、雪印乳業が事実を公表したのは二九日夜と遅れ、その間にさらに被害が拡大する結果となった。このように対応が後手に回った理由について、雪印乳業では「当初の発症事例が少なかったため」と弁解している。しかし、緊急事態が発生した当初はその全体像がつかめないのが通例であり、むしろ状況が不明だからこそ「緊急」事態なのである。十分な情報が入るまで手をこまねいていたら、事態のさらなる悪化を招くことになる。

リーダーたる者は、入手できた断片的な情報から、緊急事態の規模を予測し、先制的に対策を実施していかなければならない。平時のように部下がきちんとした報告書を上げてくるのを待っているようでは、リーダーとして失格である。この点で思い出されるのが、阪神大震災のケースだ。当時の日本政府首脳は、「現地の状況がよくわからない」と待ちの姿勢をとったが、その結果として救助活動が遅れて多くの犠牲者が発生した。緊急事態の規模がなかなか予測できない場合には、「最悪の場合に備えよ＝Prepare for the worst」を指針として、見切り発車で諸対策を推進していけばよい。何かにつけて最悪時の対応を実施するのは非常にコスト高だが、少なくとも破滅的な結末だけは回避できる。

また、牛乳業界において品質管理が問題とされたのは、今回のケースが初めてというわけではない。昭和三〇年には、粉ミルクに砒素が混入して一三〇人の幼児が死亡、一万三〇〇〇人以上の被害者が発生した「森永砒素ミルク中毒事件」が起き、時を同じくして雪印乳業でも、北海道八雲工場で製造した脱脂粉乳に溶血性ブドウ球菌が混入して約二〇〇〇人が罹患した「八雲脱脂粉乳事件」が発生している。

これらはいずれも相当に昔の事件（石川社長が雪印乳業に入社したのは八雲事件の二年後）であって、その教訓が社内で既に失われていたという言い訳ができるかもしれない。しかし、今回の雪印乳業には、本事件の直前に発生した「参天製薬脅迫事件」という最高の手本が存在した。この事件で「目薬に異物を混入した」との脅迫を受けた参天製薬は、その事実をすぐに公表するとともに、店頭から全商品を回収した結果、約一三億円（推定）の損害を受けたが、「消費者優先」の企業イメージを確保することに成功している。このように最高の手本が身近にあったにもかかわらず、危機管理に完全に失敗した雪印乳業のケースは、格好の反面教師として語り継がれることとなろう。

4　組織体質の病弊

報道陣に詰め寄られた石川社長は、「私だって寝ていないんだ」と開き直り、組織人としての自覚の欠如を露呈した。石川社長は雪印乳業という組織を代表して記者会見に出ているのであって、石川氏個人が何日徹夜しようと、マスコミや世間にとっては全く関係のないことである。そもそも石川社長が徹夜しなければならない原因は、自分が代表している組織の不始末なのだ。

もっとも、日本型組織では、組織人と私人を混同したリーダーは、決して珍しいわけではない。総会屋問題も、結局のところは、「株主総会で何時間もつるし上げをくらうのはごめんだ」という情けないリーダーが存在することが原因である。ちなみにソニーなどは、株主総会がどんなに長引いてもかまわないという断固とした姿勢で経営者が臨んでいるために、逆に総会屋は寄りつこうとしない。株主総会は会社の最高議決機関であり、それを何の発言もない「シャンシャン総会」で済ませたいというのは、リーダーの個人的なエゴにすぎない。「荒れた総会を議長として運営する自信がない」「長時間の総会となると体力がもたない」などという者は、そもそもリーダーの座に就くべきではないだろう。

この石川社長については、記者会見の際に脇から大阪工場長が「(バルブの汚れが)あったんです」と発言したのを聞いて、「それは本当か」と顔を真っ赤にして声を荒げていた場面も非常に印象深い。会見までに相当な時間をかけたにもかかわらず、このような基本的な事実確認さえできない雪印乳業の非効率性にはあきれるしかない。その原因の一つと考えられるのが、組織内の「コレステロール」構造である。日本型組織の多くは、バブル期に団塊の世代にあたる四〇代、五〇代の職員を処遇するために様々な役職を乱発した。この膨れ上がった中間管理職が、まるで動脈に沈着したコレステロールのように情報という血流を阻害してしまうのである。

この「コレステロール」構造は、平時の職務においても支障となっているが、何よりも迅速さが要求される危機管理においては、まさに破滅的な影響を及ぼす。リーダーが事実関係を確認しようとしても、なかなか情報は上がってこない。やっときた情報も、途中で何段階もの中間管理職を通過している間に内容が変質し、関係者の自己保身のために具体性のない無味乾燥な内容に作り変えられてしまう。この「コレステロール」構造に対抗するためには、プロジェクトチームを編成して情報のバイパスを作ることが有効である。このチームが関係者から事情を聴取し、リーダーに直接報告する形にすれば、時間をかけずに現場の生の情報を掌握できるようになる。

また、今回の食中毒事件が発生した原因として、雪印乳業の大阪工場では、あまりにずさんな製品管理が行われていたことが明らかとなった。設備の洗浄が規定どおりに行われていなかったこと、製品の濃度調整が屋外、しかも手作業で行われていたこと等々、乳製品という極めて衛生配慮の必要な食品を取り扱っている職場とは信じられないほどだ。ここで問題となるのは、現場関係者も内心では製品管理上の問題点を意識していたにもかかわらず、どうしてこれまで放置されていたのかという点である。その最大の原因は、管理者側のチェック不足と考えられる。

現場に対して管理者が細かく注文をつける欧米型組織とは違って、日本型組織では、現場というものが非常に尊重されている。これは、ＱＣサークル活動などのように、現場の創意工夫を引き出していく上では非常に有効だが、その一方で、「上層部が何と言おうと、現場には現場の論理がある」といった独善的な気風を生み出す欠点がある。しかも、現場ではどうしても経験重視、現状肯定となり、そのままではバランスを

現場的視点と管理者的視点の違い

現場的視点	管理者的視点
経験重視	論理重視
短期的視野	長期的視野
現実直視	アイデア先行
現状肯定	改革肯定

失いがちだ（現場的視点と管理者的視点の違いを簡単に整理したものが前表である。）。雪印乳業の場合も、惰性によって現場が段々と安易な方向に流れていったのだろう。

残念ながら、西郷隆盛を気取って大人物の真似をしようとする管理職が多い日本型組織では、過度の現場尊重が現場の放任につながっているケースは決して少なくない。その点で、情けない話であるが、今後の日本では「あたりまえの管理」を復活させることが大きな課題であると言えよう。

（二〇〇〇年七月脱稿）

〈追　記〉

二〇〇二年、雪印乳業の子会社の雪印食品が、狂牛病対策として実施された牛肉買い上げ事業を悪用して輸入牛肉を国産と偽って高値で買い取らせていた詐欺事件が発覚し、消費者の猛反発により業績が急激に悪化した雪印食品は、会社の清算に追い込まれた。二年前の雪印乳業の食中毒事件では、雪印ブランドのイメージ悪化により雪印食品も販売不振に陥って苦しんだにもかかわらず、その教訓が組織の中に浸透していなかったと考えざるを得ない。閉塞した組織に新しい視点を植え付けることの難しさを改めて認識させられるケースである。

また、組織のコレステロールとなっている中間管理職については、不況が長期化する中で、最近ではリストラによる整理が急速に進められている。筆者としては、リストラ＝首切りとなっている最近の風潮に対して非常に疑問を感じているが、組織の効率化のために肥大した中間管理職層にメスを入れること自体は経営上当然であり、まさに管理職が管理職の名にふさわしい機能を回復することが求められていると言えよう。

第5章

危機管理の諸問題

焦点16

情報担当者が陥りやすい「症例」

1 はじめに

公的部門・民間企業を問わず、危機管理において情報が最も重要なファクターとなることは広く理解されているところであるが、それでは実際の危機管理に当たって有効に情報が活用されているかというと、必ずしもそうではないと言わざるを得ない。その理由について考察すると、必要な情報を必要な時点で入手することの困難性もさることながら、情報を取り扱う担当者とそれを管理するシステムに問題点があると考えられる場合も少なくないようである。本稿においては、情報担当者が陥りやすい「症例」について説明することとする。

2 判断回避症候群

情報の価値というものを判断するのはなかなか困難であるが、桶狭間の合戦において梁田某が織田信長にもたらした「今川義元は田楽狭間にて休息中」の一報のように、一片の情報が歴史の岐路となることさえ珍しくない。情報担当者は、このような情報の怖さをなまじ承知しているだけに、ともすれば情報の価値について自ら判断することをできるだけ回避しようとする傾向が生じ、その結果として、次に掲げるような「症例」が顕在化することとなる。

1　過剰報告症

判断回避症候群の最も典型的な「症例」となるのが、無価値な情報と情報担当者自身が承知していたとしても、「万が一」のために、必ず上司に報告しておくこと＝過剰報告症である。これにより担当者は後で問題となった場合にも「上司にきちんと報告しておいたのだから」と自らの責任を回避することができるが、その一方で、上司は情報の洪水に悩まされることになる。

もちろんこのやり方にも、色々な情報に上司が直接触れることができるというメリットが存在し、「情報が入って来ないよりは入り過ぎる方が良い」とあきらめ顔の上司が多いようである。しかし、数人の係員を抱える係長レベルならともかくとして、数十人の課員を預かる課長レベルあるいはそれ以上の役職ともなると、過剰報告により失われる時間は膨大なものとなり、上司としての本来の業務に支障を来す結果となる。古い例であるが、三国志において、五丈原の対陣に当たって諸葛孔明が些事にいたるまで自ら報告を聴取していると聞いた敵将の司馬仲達が、そのような仕事ぶりでは孔明の命も長くないと予言したが、果たしてそのとおりに孔明が陣没した一事は、過剰報告を受ける側のストレスの大きさを物語っている。

この過剰報告症を解決するためには、上司に報告する際に個々の情報の価値に対する担当者の評価を必ず添付するシステムを導入することが効果的である。この評価のやり方については、文章形式にするとどうしても曖昧になりがちであるので、基本的にA、B、C又は上、中、下などの単純かつ客観的なものであることが必要である（重要とランク付けした情報について、その評価の理由を別途文章で記述することが上司の理解を促進する上で望ましいのはもちろんである。）。このようなシステムを導入することにより、上司は自らの時間的余裕に合わせて情報の検討範囲を選択することが可能となる。

なお、過剰報告がなされる場合には、言わば「味噌も糞も一緒」にしてしまって、情報についての評価は上司に「ゲタを預ける」という状況になりがちであるが、上司の側では個々の情報の価値を判断するのに必要なだけの蓄積がないことがむしろ通常であるため、結果として後述の「分析欠如症」と合併症となることが多い。

（注）　ＦＡＸ依存症

最近では、FAXの発達により情報の伝達は非常に簡便化されたが、これに伴い過剰報告症の発展型の「症例」が新たに見受けられるようになっている。危機管理は時を選ばないため、上司の自宅に夜間連絡をとることも当然あるわけであるが、これまでは深夜に電話で叩き起こすのはまずいということで、当直者がそれなりに情報の評価を行い、重要情報だけを選んで電話報告を行っていたところ、FAXの導入により、何でもかんでもとにかく上司の自宅に送ってしまうという過剰報告がなされるようになった。

この場合に特に問題となるのは、最初は上司の方でもFAXが入るたびに起きて内容をチェックするが、夜間に頻繁にFAXが飛び込んでくると寝る間もなく、しかもその大半は愚にもつかないものばかりであるので、最後には翌朝まとめてFAXを読むという運用に陥ってしまうケースが非常に多いということである。その結果として、緊急事態が発生した場合であっても、当直員は上司に既に「報告済み」なので指示待ちの姿勢を取り、上司はそんなことも露知らずに眠りこけているという問題が実際に発生しており、注意を要するところである。

なお、このＦＡＸ依存症については、当直業務のマニュアルを作成して、当直員が重要と判断した情報については これまでと同じく電話で直接報告し、「目を通しておけばよい」程度の情報はＦＡＸ送付するといったように、システム面を整備すれば解決が比較的容易である。

2　分析欠如症

情報担当者が協力者などから入手してきた情報は、一般に「原情報」又は「一次情報」と呼ばれ、料理の世界で例えるならば「素材」ということになる。最近流行のグルメ番組では、素材の大切さが繰り返し力説されるのが通例だが、いくら素材が良くても、何の調理もせずにそのまま皿の上にのって出てきたら誰も美味とは思わないのと同様に、情報も「原情報という素材」に「分析という調理」を行って初めて、実際に価値のある情報となるわけである。しかし、この原情報と分析付き情報が、共に「情報」という概念で一括りにされて、両者の区別が曖昧であることが少なくない。その結果、情報を分析すべき担当者においても「このような情報があります」と原情報をまとめてプリントアウトしたものを提出してそれで良しとし、必要な分析が欠けている仕事ぶり＝分析欠如症が見受けられる。

この分析欠如症が特に問題となるのは、相互に矛盾する原情報が入手された場合（現実の危機管理においては、個別の局面で原情報が相互に矛盾することは決して珍しくない。）であり、両方の原情報を流すことそれ自体は非常に重要であるが、分析によるフォローがなされなければ、実際の対策に着手することが不可能となるのである。この分析欠如症を解決する方策としては、情報担当者の業績を判断するに当たって、情報部門内部の評価だけでなく、情報を利用する側＝対策を担当する部門の評価を反映させるようなシステムを設計することにより、対策担当者が必要とするような分析を行うインセンティヴを個々の情報担当者に与えることが効果的である。

（注）総花分析症

不確定な状況下においては、「X＝Aと思料される。しかし、X＝Bである可能性も否定できない。また、場合によっては、X＝Cであることが考えられる。さらに……」というような総花的な分析となるのは、ある程度は実際問題として避けられないことであるが、情報担当者の方で、「後々非難を受けることが無いように」するために、考えられるあらゆる可能性を列挙するが、可能性の相互の強弱について全く触れていない分析結果を出す事例＝総花分析症が見受けられる。

この「症例」が特に問題となるのは、対策を担当する部門において十分な戦力がなく、重点を絞らざるを得ない場合（実際の危機管理においては、あらゆる可能性をカバーできるほどの潤沢な戦力が確保できることは皆無と言ってよい。）である。このような場合においては、可能性の強弱を示さない総花的な分析は、対策担当者にとっては実質的にはあまり役に立つものではなく、その点で総花分析症は、分析欠如症の一類型として整理することが可能であり、同様の「治療法」が効果的である。

3 サラリーマン症候群

日露戦争の際に、帝政ロシアの内部攪乱のために革命勢力に資金提供を行うなどの特殊工作に従事した明石大佐は、日本史において最も著名なスパイと言えよう。しかし、この明石大佐については、彼が特殊工作活動中に資金を支出した場合には、すべて領収書を相手に切ってもらって、それを帰朝後に会計係に提出して清算したとの逸話が残されている。考えてみれば、どこの情報担当者も結局のところ一サラリーマンにすぎないため、「サラリーマン気質」から決して無縁ではいられないのであり、その中でも特に情報活動に与える影響が大きいと考えられるのは以下の「症例」である。

1　情報独占症

サラリーマンとして自分の地位を築いていくに当たって、情報担当者も自らの「価値」を高め、また、それを他者に広く認めさせるための努力を怠る訳にはいかない。情報担当者の価値は、一般的に言えば良い情報を集めること及び良い分析を行うことに尽きるわけであるが、実際には情報・分析の良否の判断が非常に困難であることから、次善の策として、所有している情報の量によって情報担当者の価値を判断することが少なくない。その結果として、情報担当者としては、情報を「個人的に所有」しようとするインセンティヴが生じ、自分が把握した情報を組織として共有することに消極的になる「症例」＝情報独占症が発生することになる。一部の有力幹部に対して、「あなただけにお教えしましょう。」と情報を個人ルートで流すことで、自分の存在感を高めようとするわけだ。

情報独占症による情報の私物化のために情報の有効利用が妨げられている問題は、情報部門内部においても一般的に認識されていることであるが、その一方で、情報の機密保持という大原則があるため、この問題の解決はなかなかに困難なところである。基本的には、情報の報告を行う際に、前述した情報の評価に加えて、情報の伝達先を明記するシステムが対症療法として有用と考えられる。

なお、この情報独占症が肥大化した結果、情報機関が組織として情報の「出し惜しみ」をする傾向も併せて認められている。これに関連する話であるが、一九九五年のオクラホマ連邦ビル爆破事件（米国のオクラホマ連邦ビルがテロリストによって爆破され、百数十名が死亡した。）の際に、筆者が取材した警備担当者が、「事件の予防のためには情報が鍵であるが、このような事態になっても情報機関は依然としてテロ情報を提供してくれない」と発言したことを記しておく。

2　面子保持症

情報部門は機密保持の必要性から本来的に閉鎖集団（closed group）化せざるを得ない訳であるが、その業務に対する有効なチェックがなされない場合には、情報部門が「同族化」し、「組織の論理」とは別個の「部族の論理」を生み出すことが珍しくない。一つの国家に複数の情報機関がある場合に、お互いが足の引っ張り合いをしたという事例は枚挙に遑（いとま）がないほどであるが、これも情報機関が各個に「部族の論理」を行使しているのだと考えれば自然なことである。この「部族の論理」の中でも最も顕著な「症例」となるのが面子保持症であり、内部的には、情報部門内の「権威者」の判断に誰もが迎合するあまり、新しい発想を受け入れる柔軟性が欠如し、外部的には、情報部門の権威を保持するために失敗を糊塗しようと努めることになる。

この場合の対策としては、情報部門とは別個に、重要問題について独立して分析を行うセクションを設けて、両方の分析を比較検討する形で分析内容のダブルチェックを行うシステムが有用である。日本の外務省は、アジア局、北米局等のラインとして特定の地域を担当して情報の収集・分析を行う部局と、国際情報局という地域担当を持たずに情報分析を専門に行う部局の双方を有しているが、これも同様にダブルチェックの構想に基づくものと考えられる。

この面子保持症が最大の悲劇を生んだのが、太平洋戦争におけるレイテ決戦である。その前段において実施された台湾沖海空戦において、日本海軍は米空母十数隻を撃沈破するという大戦果を挙げたと発表したが、その後の内部調査により、未熟な搭乗員が多数戦闘に参加したことによる誇大報告であり、実際には米海軍は損害をほとんど受けていないことが判明した。しかし、日本海軍は、自らの面子を護るためにその情報を陸軍に連絡することを怠ったため、米軍がレイテ島への上陸を開始した際には、陸軍は台湾戦の残存部隊による活動であって殲滅が容易と誤判断して決戦を開始し、結果として壊滅的損害を被るに至ったのである。

3　期待応答症

情報担当者といえども一介のサラリーマンにすぎないため、「上の好むところ下これに習う」の原則に従い、上司が喜ぶような報告をしようとする傾向が常に存在する。その結果として、上司がある種類の情報を「期待」している場合には、意識的に又は無意識のうちにそのような情報ばかり報告してしまうということになりがちである。

具体的には、上司がＸ＝Ａという情報を期待している場合に、Ｘ＝Ｂという情報が入ってきてもこれを軽視して、Ｘ＝Ａという情報ばかりを上司に報告するというケースが考えられる。また、情報提供者から情報を聴取する際に、「Ｘ＝Ａという情報がないか」のような誘導質問が行われる例もあり、特に情報提供者が謝金目当で情報を流している場合には、このような誘導質問に対して迎合的な回答が返ってくることが珍しくない。この「症例」に対しては、情報や分析内容の当否について必ず事後的に検証するシステムを設けることが有効である。日本では、失敗した案件については、「敗軍の将、兵を語らず」と議論を避ける傾向が強いが、失敗を二度とくり返さないために、その原因を事後的に厳しく追求する姿勢が必要とされるのである。

この期待応答症の典型的な失敗事例とされるのは、一九六一年にＣＩＡが亡命キューバ人部隊をキューバに逆侵攻させたピッグス・ベイ事件である。当時、ＣＩＡはその「前庭」と見なしていたキューバにおいて発生した革命を嫌悪するあまり、反革命勢力に都合の良い情報のみを重視した結果、カストロ政権の実力を過小評価する過ちを犯したため、侵攻した亡命キューバ人部隊は数日のうちに政府軍に殲滅されてしまった。これによりケネディ政権（当時）の威信は大きく揺らぐとともに、侵攻計画を指導したＣＩＡ長官のアレン・ダレスは辞任させられるに至った。

4 おわりに

読者の皆さんは、「症例」に対する「治療法」が、いずれも情報部門内部のシステムの改革に関連していることに既に気づかれたことと思う。これに対して、「本稿に取り上げたような『症例』は、情報担当者個人の問題であって、各人が精進を積み重ねることによって解決すべきであり、組織の問題に転化すべきではない。」という意見をお持ちの方も少なくないであろう。しかし、個人的な問題であっても、それが組織内のかなりの構成員に共通して発生しているものであれば、それは一種の「職業病」であって、その解決のためには組織全体としての対応が必要となるのである。

歴史のある組織であればあるほど、これまでに蓄積されてきた制度や規則等のシステムが、組織の本来の業務を遂行する上での足枷となっていることが少なくない。さらに問題なのは、このようなシステムの存在を当然のことと思い込んでいるために、それが障碍（しょうがい）となっていることに誰も気がついていないということである。したがって、職業病的な「症例」が組織に蔓延しているときには、まずシステムを疑えというのが第一原則である。

（一九九六年二月脱稿）

焦点17

繁藤災害の教訓

1 はじめに

昭和四七年七月五日、高知県土佐山田町繁藤（しげとう）地区で、山津波により消防団員など六〇人が死亡するという大規模災害が発生した。本稿は、この繁藤災害後三〇年が既に経過して関係者の多くは物故あるいは職を去り、その記憶も風化されつつあることから、土砂災害の恐ろしさについて改めて注意を喚起するために、繁藤災害の概要を紹介するものである。

2 災害の発生

当時の気象条件は、前日の七月四日から南海上に太平洋高気圧が強まり、一方で日本海西部に前線を伴った低気圧が存在したため、秒速二〇～二五メートルの暖かく湿った南西風が四国南部に吹きつけた。この気流が谷筋を遡上する形で繁藤付近に集まり、そこから山の斜面に沿って上昇して巨大な積乱雲を形成し、滝のような雨を降らせた。豪雨はおよそ三波にわたって繁藤地区を襲い、第一波が四日午後二時から同四時ごろ、第二波が同じく午後七時から同九時ごろ、そして第三波が五日午前四時から同七時ごろである。四日午前九時から二四時間に降った雨量は七四二ミリに達して観測開始以来の記録となり、最大時の時間雨量は九〇ミリを超えた。

現場は、追廻山（おいまわしやま）と通称される高さ約一五〇メートルの山地の南斜面と穴内川（あなないがわ）に挟まれた谷間である。高松市と高知市を結ぶ幹線の国道三二号線と国鉄土讃線が穴内川と平行に東西に走り、人家は追廻山の裾に国道に面して一列に並んでいた。一次災害が発生したのは、五日午前六時四五分のことだ。繁藤駅近くの追廻山斜面が幅十数メートルにわたって崩壊し、警戒出動中の消防団員一人が生き埋めになったのである。すぐに土佐山田町内の消防団に繁藤地区への出動命令が発せられ、消防団員や地元住民による救出作業が開始された。

一次災害の現場は民家の狭い裏庭で、一度に作業できるのは数人に限られ、救出活動はなかなかはかどらなかった。そこで、重機が現場に入れるように問題の民家を取り壊した上で、ショベルカーで現場の土砂を国道上に搬出し、トラックに積み換えるようにした。午前一〇時五〇分、ようやく被害者の着衣が見えてきたので、作業を手掘りに切り換えて続行していたところ、同五五分に追廻山が大崩壊を起こしたのである。

山の中腹付近に巨大な亀裂が入ったと思うと、斜面が大きく波打つようにうねって流れ出した。奔流となった土砂は救助作業に当たっていた消防団員たちを次々に飲み込み、さらに国道三二号線や繁藤駅のホームを乗り越えて穴内川対岸にのし上げた。崩壊の規模は、高さ約七五メートル、幅約一七〇メートルに達し、崩壊した土砂の量は約一〇万立方メートルと推定されている。

この災害での死亡者は六〇人（行方不明者三人を含む。）、負傷者は七人に達した。死亡者の内訳は、土佐山田町職員七人、地元住民四七人（うち消防関係一五人）、国鉄職員四人、その他二人（新聞記者一人、身元不明者一人）である。物的被害としては、家屋の全壊一〇棟・半壊三棟のほか、自動車一四台が破壊されている。また、繁藤駅に停車中であった国鉄快速列車（四両編成）のうち機関車と客車二両が脱線転覆し、鉄道と国道三二号線が長期にわたって不通となった。

3　大崩壊の前兆

この大崩壊のメカニズムは次のように推定されている。追廻山の表面には岩が風化した崩石土（泥と岩の屑）が堆積し、また、現場箇所には小さな断層があって、その断層面に沿って地下水が流れる構造となっていた。一次災害後も断続的に発生した小さな山崩れの際にその地下水の流れが遮断され、逃げ道を失った水が崩石土中に蓄積されていった。水を大量に蓄積した土砂はもろくなるとともに、重量が次第に増えて不安定となり、最終的に地滑りを起こしたというものだ。現場の斜面では、大崩壊が発生する五分ほど前に次のような前兆が認められた。

①　現場周辺の家屋が土砂の圧力で押されて国道方向に傾き、ある家屋では一メートル以上あった家屋とブロック塀の間隔が一〇～二〇センチに狭まった
②　斜面中央部から大量に流れ出ていた水が止まった
③　山肌が全体的に揺れ動いているように見えた
④　一次災害の崩壊斜面のすぐ上に露出していた土塊がすとんと下にくずれ、あわせて小石がパラパラと

斜面を流れ落ちた
この現象は崖崩れの前兆としては典型的なものであり、これを的確に把握できていれば二次災害の被害を防げた可能性が高い。実際にも、現場でこの前兆に気が付いたトラック運転手など数名が避難して命拾いしている。この教訓を踏まえ、土砂災害の警備においては、地盤の変動、湧水の変化、ひび割れの有無等の前兆現象を監視する要員を配置しておくことが絶対に必要だ。
現場で救助作業に従事している者は視線が手元に集中して周囲の状況が目に入りにくいため、この監視要員は監視業務だけに専念させなければならない。また、監視役となった者は、自分だけが苦しい救助作業に加わらないことに内心の抵抗があり、住民からもなぜ作業に加わらないのかと嫌味を言われたりして、監視を止めて救助業務の手伝いを始めてしまうことがあるので注意する必要がある。
なお、繁藤災害では、大崩壊が発生した時に現場の警察官は国道の交通整理に従事し、救出作業は消防が実施していたため、崩壊の前兆に気が付かなかったことに対して警察側に直接の責任はない。それでも今後の災害警備では、「消防がきちんと監視しているだろう」などと安易に任せるのではなく、二次災害の予防のために監視措置がとられているかどうかを警察の方でも確認し、必要があれば関係者に現場監視の重要性を教示すべきである。

4　避難措置の不徹底

大崩壊発生の当時、現場付近には約一三〇～一四〇人が所在し、その内訳は、警察官五人、町役場職員七人、消防関係四六人（私設消防団含まず）、国鉄関係一七人、そして残りの大半は地元住民であった。死亡者の多くは、救助作業の交代要員として待機中の者や作業状況を見守っていた一般の地域住民である。彼らは現場前の国道上や駅構内に所在し、大崩壊のちょうど真正面に位置していたので脱出できなかったと推定されている。例えば、死亡者の中で最年少（当時一歳）の幼児は、祖母に背負われて国道上から救助活動に従事する父を見守っていて被害に遭ったことが明らかとなっている。

一般の地域住民はもちろんのこと、待機中の消防団員に対しても、現場から五〇メートルほど後退させておく措置がとられていれば、二次災害による被害を最小限に抑えることが可能だったはずだ。しかし実際には、一次災害現場の周辺民家を対象とした避難勧告がなされただけで、現場正面の国道上や駅構内の人々に対する避難措置は全く行われていなかった。これは、消防と警察の双方が、このような大規模な崩壊が発生するとは全然予想していなかったためである。その理由としては、以下の三点が指摘されている。

①　大崩壊前に発生した一連の崖崩れは、いずれも高さ一〇メートル程度の小規模なもので、国道上にまで被害が及んでいなかった

②　高知県地域防災計画付属資料の「危険予想箇所一覧」では、本件崩壊地は危険箇所の指摘を受けていなかった

③　崩壊現場の付近では、人家が危険にさらされるような地滑りが過去に発生したことがなかった関係機関が十分な避難措置をとっていなかったことについて、繁藤災害国家賠償訴訟判決（高松高裁昭

和六三年一月二二日）では、「地滑りの前駆現象を事前に発見して崩壊地付近にいたすべての人々に対して避難の指示を行うことが容易であったとは到底いえない」と判示して遺族の訴えを退けている。しかし、たとえ法的責任は存在しないとしても、消防・警察サイドとしては、避難措置が十分でなかったことを謙虚に反省する必要がある。

避難対策で特に注意しなければならないのは、事態の危険性についての住民側の認識が意外に低いことだ。繁藤災害では、前兆現象に気が付いて避難した者もいたが、これは極めて例外的な存在であり、むしろ危険を意識していない住民が大半だった。消防団が一次災害現場の近隣家屋に対して避難勧告を行った際にも、「ここが潰れることは絶対にない」と言い張って避難しようとしない住民がいたため、警察官が説得して避難させたという記録が残っている。その大半はお年寄りであり、一部には荷物類を運び出そうと荷造りに時間をかけている住民も認められたということだ。

このように、災害現場では状況を甘く考えて避難措置になかなか応じようとしない者が存在するのが通例であり、また、いくら立入規制を行っても、いつの間にか野次馬が滞留してしまうものである。その中には、当局が避難させようとすると逆に食って掛かる者されめずらしくない。これに対処するためには、実際に避難措置に当たる現場警察官に対して上司が避難区域の範囲とその危険性について十分に説明するとともに、避難に応じない者には警察官職務執行法に基づいて実力で強制せよと明確な指示を与えるべきである。

5 その他の教訓事項

繁藤災害のその他の教訓事項としては、以下のようなものが挙げられる。

○　大崩壊の土砂は駅構内に津波のように流れ込んで列車を押し流し、穴内川の対岸に叩きつけ、列車内でも死亡者が発生した。当時の写真を見ると、機関車が原型を全くとどめぬほどにねじ曲がった残骸と化している。列車のように頑丈なものでも山津波の圧倒的なエネルギーには抗し得ず、避難先としては適切でないことを認識する必要がある。

○　現場で生死を分けた要素の一つに、退避した方向があった。繁藤災害では、追廻山が崩れて土砂が正面から向かってくると、反射的にその反対の穴内川方向に逃げ出し、山津波に追いつかれて巻き込まれてしまったケースが少なくなかった。それに対して、土砂の崩落方向に対して直角、つまり横方向に逃げた人の生存率は非常に高かった。とっさに退避の方向まで考えが及ぶ者はまれであるため、二次災害が懸念される現場では、万一の場合に自分の位置からではどの方向に逃げたらよいかを各人にあらかじめ確認させておくことが必要である。

○　高知新聞の記者は崩壊状況をカメラで撮影しようとして逃げ遅れ、また、車両を動かそうとして間に合わずに死亡したケースもあった。このように崖崩れから生還できるかどうかは一瞬の動きにかかっているため、二次災害が懸念される現場では、万一の場合にはとにかく身体一つで脱出することを心掛けるように各人にあらかじめ説明しておくことが必要である。

⑥ 遺体の捜索と遺族対策

遺体の捜索活動は二二日間にわたって実施され、活動の主力となった高知県警では延べ九〇〇〇人を超える警察職員が動員された。捜索作業は、多いときには三〇〇人の遺族の注視する中で行われ、捜索班は以下のように遺族の心情にできる限りの配慮をみせた。

○ 発掘による遺体の損傷を極力防ぐために、ブルドーザー等の重機の使用はできる限り控えて、手掘り作業による遺体収容に努めた

○ 焦燥する遺族に「ここを掘って」と依頼されると、たとえ一度探した場所であっても、もう一度掘り返してみるようにした

○ 遺体を丁重に取り扱うことに努め、川の中で障害物に引っかかっていた遺体を収容した際には、障害物を取り除く間に流出しないように、二時間以上にわたって機動隊員が遺体を抱きかかえる措置を取った

ほとんどの遺体は損傷が激しく、収容内訳は遺体（胴・胸）五七、頭部九、手二六、足五四、肉片一五七というまことに悲惨な状況であり、発見状況を記録化する検証班と検死や身元の確認を行う身元確認班の負担は極めて大きかった。また、遺族側は遺体の確保に激しく執着し、遺体の身元を巡って遺族同士がいさかいを始めることもあったため、身元確認班は遺族宅を足繁く訪問して検査のためのサンプルを集めるとともに、確認結果について詳しく説明して遺族の理解を得るように努めた。

悲嘆にくれる遺族への対応には特別な注意を要するため、高知県警では警察官の心得と題するペーパーを作成して隊員に配付している。参考として、その全文を以下に紹介する。

ご遺族に接する警察官の心得

一　ご遺族の方々は、今回の突然の不幸により絶望と不安の極にあります。よくこの心情を察し、同情と理解ある態度をとって接しましょう。

二　要望や申し入れのあったときは、ていねいに応待し、積極的に便宜をはかり、やむをえないときでもその理由を説明し、了解を求めるようにしましょう。

三　万一、了解をうることができないときでも、決して口論することなく、上司に報告して処理するようにしましょう。

四　交通規制区域の通行についても、ご遺族に対しては優先的に便宜をはかるようにしましょう。

五　遺体の収容や取り扱いについては、細心の注意をされているところでありますが、なお損傷したり礼を失しないようにしましょう。

六　遺体の収容を終わったとき、または検視の前後には、敬礼を忘れないようにしましょう。

七　遺体の確認されない家族に対しては、遺族ということばはなるべく使わないようにしましょう。ただし、多勢の方に話すときはご遺族として総称することはさしつかえありません。

八　遺体の身元が確認されたときは、遺族に対して「お気のどくでした」という慰めのことばをかけましょう。

7 高知県警の諸対策

繁藤災害の教訓を受けて、現在、高知県警で災害警備に出動する際に行っている対策としては、以下のようなものが挙げられる。

○　現場の地質や二次災害の危険性について専門家や地元住民から事情聴取した上で、作業開始前に関係機関による会議を開催して安全確保について検討する。

○　土砂防止ネットを現場に展開するとともに、崩落の危険性の高い箇所に対しては高圧放水を行ったり、発破を仕掛けて爆破したりして事前に崩落させておく。

○　危険箇所に地滑り感知機を設置した上で、現場とその周辺（少し離れて監視した方が前兆現象をつかみ易いことがある。）に必ず複数の監視員を配置し、非常時にはサイレンや警笛で警報を流す。

○　作業現場にパネル等で足場を設置して、いざという時のための避難経路を確保する。

○　できるだけ広範囲に警戒区域を設定し、特に報道関係者に注意して立入規制や避難措置を徹底する。

○　夜間作業の場合には、危険箇所の監視のために投光器を用意する。

○　現場では情報の錯綜や欠落が発生しやすいので、情報担当者を置いて情報を集約するとともに、黒板や掲示板により情報を関係者に周知させる。

○　部隊が作業に集中できるように、マスコミ対応にあたる広報責任者を現場配置する。

なお、高知県警幹部の談によると、二次災害の危険性が高い場合には、決して無理に作業させないようにする幹部の見識が何よりも重要ということである。もちろん現場では、遺族やマスコミ関係者、さらには自治体側からも救出作業を強く要望されるのが常であるため、二次災害の危険性を粘り強く説明して理解を求める姿勢が必要である。このように、高度の判断を現場で要求されることから、高知県警では現場責任者として警察署長などの上級幹部を配置し、関係機関との検討会議にも必ずこの現場責任者が出席することとしている。

8　結　び

この繁藤災害の後、高知県では危険箇所に対する土木工事を進めているが、現時点でも県内での土砂災害危険箇所は約六〇〇〇地点に達し、しかも山間部の宅地開発によって危険箇所は調査のたびに増加している。この状況は決して高知県だけのものではなく、山国で雨量の多い日本では、災害と無縁でいることはできないというのが実情だ。このように、災害の危険と隣り合わせに暮らしていく上で一番肝心なことは、災害の教訓を風化させないように語り伝えていくことである。「災害は忘れたころにやってくる」の警句は、まさに危機管理の核心を突いている。

（二〇〇二年一一月脱稿）

焦点18

阪神大震災における避難施設の研究

1 はじめに

平成七年一月一七日午前五時四六分に発生した阪神大震災は、マグニチュード七・二に達する直下型地震であり、死者五四八〇人、負傷者三万四九〇〇人、倒壊家屋約一九万棟などの甚大な被害をもたらすとともに、発生地が神戸市という我が国有数の人口密集地域であったため、最大時約三一万六〇〇〇人の避難民が発生した。これは、地方の中規模都市の人口に匹敵する人数である。この大量の避難民の取扱いをめぐっては、地元神戸市を中心として懸命の諸対策が続けられたところであるが、本稿では、大規模避難民発生時の危機管理のプランニングの参考とするために、この阪神大震災における避難所、仮設住宅等に係る各種の教訓事項について解説することとする。

2 避難所について

1　避難民の発生状況

震災発生直後の平成七年一月二三日（以下、日付については特に記述のない限り、平成七年である。）

に、避難民数がピークの約三一万六〇〇〇人に達したが、その後は比較的早いペースで避難民の自立や仮設住宅への入居が進み、震災発生一か月後の二月一七日には避難民数約二〇万六〇〇〇人、二か月後の三月一七日には同七万八〇〇〇人となった。平成八年九月中旬の時点では、待機所五か所に五六世帯八四人、その他旧避難所など一八か所に一〇七世帯二四〇人となっている（避難所は既に閉鎖され、避難民が仮設住宅に入居するまでの暫定措置として待機所が設置されている。）。

2　避難所に係る基本的問題点

今回の阪神大震災は、大正一二年の関東大震災以来、最大規模の震災（災害救助法指定自治体一〇市一〇町）となり、これまでの地域防災計画の想定をはるかに超えた災害であったため、避難所の設置管理に当たっては特に次のような問題点が生じた。

⑴　避難所の不足

地域防災計画上の指定避難所だけでは膨大な数の避難民を収容することができなかったため、民間施設や公園などの避難民が集中した場所に自然発生的に避難所が発生（指定避難所三六四か所に対して、ピーク時の避難所数一一五三か所）した。

⑵　避難生活の長期化

大量の家屋の倒壊・焼失（倒壊家屋約一九万二〇〇〇棟、焼失家屋約七〇〇〇棟）により避難所での避難生活が長期化したため、次に掲げるような避難所の生活環境の改善が必要となった。

【プライバシー対策】　間仕切りパネル、簡易更衣室
　（一部の避難所では、「間仕切りパネルのために目の届きにくい場所ができると犯罪の発生が怖い」という意見が出された。）
【寒さ対策】　毛布、断熱マット、石油ストーブ
　（毛布は、一人最低三枚は必要である。火災の懸念や電気容量不足のため、石油ストーブや電気毛布を使用できない避難所が多く、二月末の段階でも、大規模避難所の約半数には全く暖房設備がなかった。）
【暑さ対策】　扇風機、タオルケット、網戸、防虫剤
【環境衛生対策】　洗濯機、物干し、冷蔵庫、保冷コンテナ、仮設風呂・シャワー、仮設トイレ
　（臨時の避難所では、一般的に電気容量が小さかったため、洗濯機等の電気使用量の大きい電気器具の設置のために工事を必要とした。）
【テント対策】　防暑シート、雨用ブルーシート
　（プライバシーやペットの関係から、室内でなくテント居住を希望する避難民が少なくなかった。）

(3)　体制の不足

神戸市が独力でこれだけの大規模な避難民を世話することは不可能であったため、施設管理者、地

元住民、応援職員、ボランティア等のいろいろな主体が避難所の管理運営に携わった（四月以降になってやっと、神戸市の職員が大規模避難所に常駐できる体制が整備された。）。特に学校を利用した避難所では、教職員の全面的協力に負うところが非常に大きかった。

一例を挙げると、約二〇〇〇人の避難民を収容していたA小学校では、神戸市の職員八人に加えて教職員二〇人、ボランティア数十人が避難民の世話に当たり、このほかに保健室に医師、看護師数名の医療団が配置されていた。内部の業務分担については、市職員が物資関係を主に担当していたのに対して、教職員は、地元における人間関係という市職員にない利点を活用して、避難民の生活の細かいケアを行うとともに、各種トラブルの解決に努めた。また、現場におけるマスコミ対応も教職員が行ったが、全国から急遽駆り集められたマスコミ陣には神戸の事情を承知していない者が少なくなく、なかなか対応に骨が折れたようである。

3 避難所の生活について

1 自治組織

一部の避難所においては、自治組織として数十名単位の班制度を設けて、避難所の清掃等に当たらせたが、現実には班としての意識の統一に欠け、あまり有効な働きができない事例が目立った。特に「班長」が、オピニオンリーダーとしての働きをしていない場合が多く、自治組織の活動は、主として班内における物資の配分などにとどまった。また、班としての体裁を整えようにも、リーダー格のエネルギッシュな避難民ほど生活の再設計が早いために、直ぐに自立して避難所から出ていってしまうという状況も認められた。

2　食　事

地域防災計画においては炊き出しによる応急給食の予定となっていたが、震災により電気、ガス、水道等のライフラインが大きな被害を受けた（長田区においては、電気が一月二三日、ガスが四月一一日、水道が三月二〇日まで利用不能であった。）ために、神戸市は隣接市町村に食糧等の提供を申し入れた（例えば、姫路市では、最大時に一日で約五万四〇〇〇食を提供している。）。食糧の輸送は、震災翌日の一月一八日から、自衛隊と消防のヘリコプターを利用して開始され、地上交通の回復と相まって、震災三日目からは食糧の供給は十分な量となった。

食事の配送に当たっては、配送時間を短縮するためにメーカーから避難所への直送体制を取ることになったが、渋滞に巻き込まれて配食時間が一定しない、食事の内容が避難所によって大きく異なるなどの問題が当初発生した。その後二月一日からは、製パン大手五社による主食（弁当、パン）の避難所への直送体制が整備された。さらに、避難生活の長期化に伴い食事に対する要望が多様化したため、三月一〇日に主食単価が八五〇円から一二〇〇円に改定されるとともに、次のような措置がとられた。

○　一日二食から三食に変更
○　弁当はすべて幕の内形式
○　果物、缶詰等の副食を毎日支給

○　野菜サラダを週一回支給

なお、被災した外国人に対しても、日本人と同じ食事が配給されたが、それに伴うトラブルは特になかったようである。

3　車両の進入に係るトラブル

各避難所においては、物資の公平な配付を行うために、到着した物資をいったん倉庫に保管する方式を採用したが、一部の避難所においては、物資倉庫に通じる道路の幅が狭かったり、又は倉庫付近の駐車スペースが十分でなかったりしたため、物資搬入の車両を手前に停車させて、そこから物資を人海戦術によって手渡しで運び込むという方式をとらざるを得なかった。

また、避難所に自家用車ごと避難してくる者が少なくなく、一例を挙げると、Ａ小学校の校庭には、テント小屋とともに、数十の自家用車が駐車していたため、校庭の場所取りをめぐって避難民の間で時折トラブルが発生した。

4　避難所生活のストレス

急激な環境変化と長い避難所生活による避難民の精神疲労が心配されたところ、避難民のうちで特に高齢者が精神的に落ち込んでしまう事例が多くみられた。その典型的な症状は、無口になって黙り込んでしまう状態であり、Ａ小学校の場合では、教職員が高齢者のところを巡回して話し相手となることにより対応した。なお、子供は避難所生活にも速やかに適応し、特に問題は発生しなかったようである。

ストレス解消のためのレクリエーションについては、行政側では時間を割く余裕が全くなかったため、ボランティアが様々な催し物を開催し、被災者の慰安に努めた。このほかに自衛隊による仮設風呂サービスや、テレビの設置、NTTによる無料電話サービスもそれなりの効果があがったようである。

4　救援物資について

1　取扱い体制

神戸市では当初市役所の駐車場などで救援物資の取扱いを実施していたが、大量の物資の到着により直ぐに手狭となってしまったため、一月二〇日以降は、配送拠点四か所、倉庫二か所を設けて二四時間体制で救援物資の取扱いを行った。しかし、これでも滞貨が増大する一方であったため、民間の運輸業者に委託した結果、救援物資がスムーズに流れるようになった。

このほかに、特に大量に到着した「ゆうパック」（郵政省の無料取扱いにより最初の二か月に約四二万個が到着）の仕訳所五か所を設けた。「ゆうパック」には、送る側が避難民のことを考えていろいろな物資を一つの箱につめこむ例が多かったが、避難民に公平に分配するためには、一つひとつ開封して品目ごとに仕訳する必要があったので、その取扱いに膨大な人手（延べ二万九〇〇〇人のボランティアが協力）を要した。

物資の配送に当たっては、当初は避難所からの電話連絡等により、手元にある物資を適宜五月雨式に配送する形となっていたが、一月下旬以降は、配送拠点ごとに担当区域を設定して、避難所からの要望書を配送拠点で集約し、一日二回程度定期的に配送する体制が整備された。

2　救援物資に係る教訓事項

(1)　情報提供の不足

物資の支給全般に共通することであるが、「乏しきを憂えず、均しからざるを憂う」というのが第一原則であり、今回の震災においても、物資の配分に不公平感を抱いた避難民が市職員に食ってかかるという光景は珍しくなかったようである。したがって、これを逆に言うと「公平に配れないものは配ることができない」ため、救援物資を受け取る側としては、同一種の物資をまとめて送ってもらう方が効率的ということになるが、この点についての広報は十分ではなく、前述の「ゆうパック」のような問題が発生した。

(2)　ニーズの変化等

必要とする物資名を広報してから実際にそれが到着するまでの時間的ズレが存在し、その間に物資についての避難民のニーズが変化してしまうという問題がしばしば発生した。例えば、一時的に不足したものの、早い段階で現地での購入が可能となった粉ミルク、生理用品などは配送拠点に大量の在庫となった（一般的に嗜好性の強い商品が在庫となる事例が多かった。）。また、古着は様々なルートから大量に送られてきたが、日本人特有の潔癖性のためか実際に利用された例は決して多くなかったようである。

このほか、救援物資は海外（二四か国、七七団体）からも届けられたが、前述のように時機を失してしまったものが少なくなく、また、生活習慣の違いや外国語の説明書が分からないために利用されない物資も目立った。

5 仮設住宅について

1 仮設住宅の建設

仮設住宅とは、災害救助法の規定に基づき、災害のために住居が滅失した被災者のうち、自らの資力では住居を確保できない者に対し、一時的な居住の安定を図る目的で提供される応急用住宅である。今回の震災に当たっては、仮設住宅の発注は極めて早いペースで進められ、計四万八三〇〇戸の仮設住宅が建設された。

仮設住宅の入居については、当初は高齢者・障害者・母子家庭等の災害弱者を優先し、その他については抽選を行って決定していたが、仮設住宅の戸数が確保されるにつれて、遠隔地の仮設住宅では応募数が募集数を下回る場合まで生じるようになった。一部には、仮設住宅に入居せずに長期にわたって待機所等で生活している者もいたが、これは、「仮設住宅だと通勤に時間がかかる」等の個人的な理由によるものである。

2 仮設住宅の概要

短期間に大量の仮設住宅を供給するために住宅のタイプを統一する必要があったことから、当初はプレハブ2K平屋（六畳、四畳半、バストイレ、キッチン　正面三・六メートル×奥行き七・二メートル）のデザインだけが供給されていたが、その後には高齢者・障害者向けの福祉対応型などの計三タイプの仮設住宅が順次導入されていった。仮設住宅の管理については、給排水、道路の簡易舗装等の諸工事のほか、自動販売機の設置や商店の誘致などの環境改善対策を推進するとともに、コミュニティの形成やボランティア活動の拠点として、仮設住宅団地に「ふれあいセンター」（集会所）の設置が進められた。

一例を挙げると、最も典型的な仮設住宅団地であるB仮設住宅は、神戸市の中心部に位置する運動公園を改造して建設されたものであって、建設用地は七五〇〇平方メートル、2Kタイプのプレハブが一七棟一六九戸設置されている。平成八年九月中旬の時点での入居状況は一六二世帯二九二人で、一世帯当たり平均一・八人と少なく、さらに全体の半数に当たる八四世帯が六五歳以上の高齢者の世帯であり、このうち六〇世帯が高齢者独居となっている。B仮設住宅においても「ふれあいセンター」を設置するなどコミュニティの再形成に努めているが、避難所の場合と同様に活力のある者から順次自立していく傾向がみられ、高齢者問題等今後の課題が山積している。

6 その他

1 ボランティア等の活動

(1) ボランティアの活動

神戸市では、震災翌日の一月一八日には、災害対策本部に「救護ボランティア」窓口を設置し、一般ボランティア及び専門職ボランティアの受付を行ったところ、一月二〇日にはボランティア登録が五〇〇〇人にも上ったため、医師、看護師以外の登録を中止するに至った。このように正規の窓口を経由したボランティアのほかにも、避難所へ直接やって来る個人のボランティアは相当の数に達し、推計で延べ一〇〇万人のボランティアが参加したとされている。

この中で宗教団体などの組織によるボランティアは統制がとれ、食事や宿泊所も自前で確保するなどの配慮がなされていたが、一般ボランティアには個人としての参加が多く、過去に十分なボランティア経験を有していない者が大半であったため、ただでさえ多忙な市職員がこれらの者の応接に時間をとられる結果となった。避難所への物資の配送業務等に当たり一般ボランティアのマンパワーが果たした役割は少なくなかったが、逆に物見遊山的で「有難迷惑」となる者も多く、我が国におけるボランティア活動の底の浅さを露呈する場面が数多くみられた。

特に初期の段階では、個々のボランティアに対して業務の指示を十分に行えなかったことから、ボランティアの独自活動による混乱が生じ、行き過ぎた場面も多数見受けられ、さらに、ボランティア同士のトラブルも発生するなど、ボランティアを適切にコーディネートする体制の必要性が認められた。

(2)　応援職員の活動

今回の震災対策に当たっては、自治労を通じて全国の一七三の自治体から延べ約八〇〇〇人の応援職員が神戸市に派遣された。これらの応援職員は業務に精通しており、また、専門技術を有している者も少なくなかったため、神戸市の活動に大きく貢献したが、その一方で、大体一週間ごとに応援職員の交代が行われたために、やっと避難民の顔を覚えてきたころには応援職員が交代するという非効率な形となり、より継続性のある派遣方式の検討が必要とされた。

2　治安状況

避難所における窃盗、暴力事件その他の犯罪の発生は、ほとんど見受けられなかった。これは地域コミュニティが避難所内に維持されていたこと、物資の流通が比較的早期に再開されたことに加えて、避難民が貴重品をいつも身につけて行動していたためであると考えられる。また、一部には、半壊住宅からの窃盗を防止するために住民が自警団を設けたところもあったようであるが、実際に自警団が必要とされるような場面は全く見られなかった。

関東大震災の際に見られたように、大規模災害発生後には、デマによるパニックの発生が非常に問題となるところであるが、今回の震災においても「強姦事件が頻発している」等の流言（関係者はそろって事実無根であると証言している。）がマスコミを通じて報道された。しかし、関係者の尽力の結果、不安が特に拡大することもなかったようであり、また、在日関係者その他外国人との間での大きなトラブルもなく、この点で関東大震災の教訓が活かされたと考えられる。

3　情報の提供

今回の震災に当たっては、各種情報の収集及びその提供において警察が中心的な役割を果たした。兵庫県警では、情報班を設置して態様別・地域別の情報の集約に努めるとともに、震災翌日から「行方不明者相談所」などの電話相談所を開設して、市民に対する情報提供を実施した。また、婦人警察官により編成された「のじぎく隊」が各避難所等を巡回して、悩み事相談や避難民への激励を行ったことは高く評価されている。

マスコミ対策としては、兵庫県警では災害警備本部に窓口を一本化して、広報班が一時間ごとに経過情報をマスコミに提供した。マスコミとの間では、現場の混乱から不可避的に生ずる重複発表によりトラブルが頻発したが、県警幹部が自らマスコミ対策を実施することにより解決した。

4　外国人問題

神戸市ではケミカル靴産業を中心に多数のヴェトナム人（旧インドシナ難民）が雇用されていたところ、震災後にはC公園に次第にヴェトナム人避難民が集中する現象が見られた。これらのヴェトナム人避難民は、震災直後は最寄りの避難所に身を寄せたものの、日本語能力があまり高くないために、情報を得る目的で同胞が多く所在するC公園に次第に移っていったものである。なお、在日関係者については、言葉の上でのトラブルがないために、このような問題は全く発生しなかった。

兵庫県内に登録されている外国人の数は、平成六年度末で九万九、八八六人に達していたが、今回の震災において外国人に係るトラブルは非常に少なかった。これは、兵庫県警において、指定通訳員とされている警察官等を招集して外国人用に二四時間体制の相談コーナー（英語、韓国語、スペイン語、中国語、ロシア語の計五か国語）を早期に設置したことにより、トラブルの多くが未然に防止されたためと思料される。今後の災害対策の検討に当たっても、外国人に対する保護や情報提供の問題は、日本の国際化の進展に伴い、より大きな課題となっていくと考えられる。

5　薩摩守忠度（さつまのかみただのり）

(1)　浮浪者等の流入

避難所においては、特に区別をせずに避難民に対する食糧や物資の配給を実施していたところ、近隣の被害を受けていない地域から、相当数の浮浪者や不法滞在外国人が避難所に流れ込んでくる結果となり、その対応に行政当局が頭を痛めたと伝えられている。

(2)　役所等の占拠

震災発生直後には、保護を求める市民が区役所等の公共機関に殺到し、ロビーや廊下が溢れんばかりとなったところ、警察署などでは早めに避難民を近くの避難所に誘導して事なきを得たが、それを怠った役所では、避難民がそのまま役所の廊下などに居ついてしまって、出ていってもらうまでに実に数か月を要する有様となった。

また、専門学校などの民間施設に避難民が流入して、そのまま自然発生的な避難所となってしまった事例が少なくなく、この場合にも避難民の立ち退きをめぐって一部にトラブルが発生した。

(3)　救援物資依存症

各避難所の倉庫には、全国から送られた様々な救援物資が積み上げられていたところ、阪神地区の交通再開により物資の流通が回復した後になっても、一部の住民がいつまでも日用品を避難所にもらいにくるという状況が発生し、住民の自立心の再形成の点で問題を残した。

7 おわりに

阪神大震災におけるボランティア活動や救援物資の提供などについては、これまで「美談」ばかり報じられてきたが、実際の現場ではこのように多くの問題点が発生していた。神戸市や被災者の方々は、救援を受ける側の立場として、「人々の善意に砂をかけた」ように受け取られることを恐れて、このあたりの事情をなかなか明らかにできなかったものであろうが、危機管理の任に当たる者は、このような裏面の事情を熟知した上で、災害対策の企画に当たっていかなければならない。災害対策は、いわば巨大な危機管理プロジェクトであり、プロの専門能力とそれを有効に活用するための管理能力が災害対策の中核となることを、読者諸兄は是非とも再認識していただきたい。

（一九九六年九月脱稿）

焦点19

化学兵器の基礎知識と第一次的対処要領

1 はじめに

オウム真理教関係者による一連のサリン事件は、無差別大量殺戮兵器としての化学兵器の脅威を如実に示すとともに、今後、同様に化学兵器を使用するテロに対する諸対策の必要性を改めて認識させることとなった。本稿においては、化学兵器テロが発生した場合に、その被害を最小限に食い止めるために、主に一般人を対象として、化学兵器に関する基礎知識と現場における第一次的な対処要領を解説するものである。

なお、化学兵器禁止条約によると、化学兵器とは、「毒性化学物質及びその前駆物質並びにその物質を使用するための弾薬、装置及び設備」と定義され、サリン等の毒性化学物質に加えて、その製造に利用されるおそれの強い前駆物質や、毒性化学物質を充填して発射するための砲弾、ロケット弾等を含む概念とされているが、本稿では、対象を狭義の化学兵器である毒性化学物質に限定して説明する。

2 化学兵器の歴史

第一次世界大戦中、ドイツ軍が膠着した戦線に突破口を開けるために、敵側に向けて塩素ガスを大量に放出したのが、化学兵器が本格的に使用された最初の事例である。その後、化学兵器の使用は次第にエスカレートし、大戦中に両陣営で使用された化学兵器は、約三〇種類、計一二万五〇〇〇トンに達し、約一〇九万人が死傷した。

当初は、塩素ガスやホスゲンのように、毒性のある産業用化学製品が使用されていたが、やがて毒性のより強い化学兵器の研究が進められ、第二次世界大戦においては、ドイツが、俗にG（ジャーマン）ガスと呼ばれるサリン等の神経剤（後述）を開発した。このGガスは、今日においても各国で保有されている。また、戦後には、イギリスにおいて、現在の化学兵器の中では最も毒性の強いVXが開発されている。

3　化学兵器の危険性

1　製造が簡単

化学兵器は、その生産コストが安価であり、また、その製造方法も核兵器に比べるとはるかに簡単であるため、俗に「貧者の核兵器」と呼ばれるほどである。したがって、国家レベルはもちろんのこと、オウム真理教に係る一連のサリン事件で明らかとなったように、テロリスト集団においても、その製造が可能である。

2　原料入手が容易

化学兵器は、その原料となる化学物質が産業用途に大量に市販されている場合が多く、中にはホスゲンのように化学兵器それ自体が製品として流通しているケースもある。したがって、化学兵器製造を企むテロリスト集団がこれらの化学物質を入手することを防ぐのは、現実問題として極めて困難である。

3　対処が困難

化学兵器が使用された場合、一般に五感で直ちに感知することは困難であり、また、適切な防護装備が無ければ対処することはできない。したがって、日本のように市民レベルにおける防衛教育がなされていない国においては、その被害は大きくなりやすいと考えられる。

4　化学兵器の効果

化学兵器は、その種類により、一時的な効果を有するものと持久的効果を有するものに大別される。前者は、揮発性が高いため、通常はガスの状態で作用し、大気中で次第に拡散するにつれて、その効果が減少していくことから「一時性」の化学兵器と呼ばれる。しかし、致死量以下のレベルに拡散するまでは、毒雲として風と共に流動し、これを吸引した人間を死傷させる。サリンは、代表的な一時性化学兵器である。

後者の化学兵器は、揮発性が低いため、通常は液体の状態であり、これが皮膚等に付着して作用するものである。この種の化学兵器は、地表面等に残留し、長期間にわたって地域を汚染する働きがあるため、「持久性」の化学兵器と呼ばれる。また、これが付着したまま人間や車両が他の地域に避難した場合には、二次汚染を引き起こすことがあるので注意を要する。マスタード、ＶＸは、代表的な持久性化学兵器である。

化学兵器の効力の持続性は、使用時の気象条件に大きく左右され、一時性化学兵器であれ、持久性化学兵器であれ、一般的に気温・湿度が低いほど、また、風が弱いほど、その効果が持続する。なお、一時性、持久性の区別は相対的なものであり、いずれの化学兵器も、ガス状でも液状でもその効果を有することから、ガス、液の双方に対する注意が必要である。

5 化学兵器の種類

1 神経剤 (Nerve Agents)

神経剤は、神経機能を極めて迅速に阻害する作用（基本的に有機リン系の農薬による中毒と同様の作用である）があり、代表的な神経剤としては、タブン、サリン、ソマン及びＶＸが挙げられる。前三者は、主としてガス状で作用する一時性の化学兵器であるが、ＶＸは、主として液状で作用する持久性化学兵器である。純度の高い神経剤は、無色、無臭である。

【参　考】　神経剤の作用の仕組み

脳からの指令を受けた神経細胞は、その末端からアセチルコリンという物質を分泌し、これに反応して筋肉が収縮するのであるが、筋肉がいつまでも収縮したままとならないように、コリンエステラーゼという体内の酵素が、このアセチルコリンを常時分解している。神経剤は、このコリンエステラーゼの働きを阻害してしまうため、アセチルコリンが分解できずに筋肉がいつまでも収縮した状態となり、やがて呼吸に関係する筋肉が麻痺状態になって、呼吸不能により死に至るのである。

２　びらん剤 (Blister Agents)

びらん剤は、目や皮膚に作用して、これをひどくただれさせる作用があり、代表的なびらん剤は、マスタード（「イペリット」とも呼ばれる。）及びルイサイトである。旧日本軍もマスタードを保有していたし、イラン・イラク戦争においても、その使用が確認されている。びらん剤は、主として液状で作用する持久性化学兵器である。マスタードは、淡黄色又は無色で、からし臭があり、ルイサイトは、褐色でゼラニウム臭がする。

びらん剤は、汚染されてから、実際に症状が発現するまでかなり時間を要し、早くても数時間、遅ければ数日を経なければ発症しない。ただし、ルイサイトは、すぐに眼や皮膚に痛みを引き起こすという特徴がある。

３　窒息剤 (Choking Agents)

窒息剤は、呼吸器系統、特に肺の働きを阻害する化学兵器であり、代表的なものは、ホスゲン及びジホスゲンである。特にホスゲンは、化学工業の原料として大量に取引きされている化学物質である。窒息剤は、ガス状で作用する一時性の化学兵器であり、ホスゲン、ジホスゲン共に、リンゴの腐ったような臭い（又は新しい干し草のような臭い）がする。

４　血液剤 (Blood Agents)

血液剤は、呼吸を通じて体内に取り込まれ、血液が酸素を運ぶ働きを阻害する化学兵器であり、代表的なものはシアン化水素（青酸）及び塩化シアンである。両者は共に、ガス状で作用する一時性の化学兵器であり、生臭い不快臭がする。「シアン化水素はアーモンド臭である」というのは俗説にすぎない。（以上に説明したほかに、広義の化学兵器として、催涙ガス等の無能力化剤、対植物剤等の種類があるが、本稿の性質上割愛する。）

⑥ 化学兵器による症状及び治療法

1　神経剤の場合

(1)　症　状

神経剤の最も顕著な症状は、瞳孔の収縮と、それに伴って視界が暗くなることであり、まず第一にチェックすべきポイントである。なお、神経剤は、その症状が外に現れていなくても、その効果が徐々に体内に蓄積され、あるレベルを超えると急激に発症するという蓄積効果があるため、神経剤に被ばくしたおそれがある者は、たとえ自覚症状が無くとも、直ちに医師の診断を受ける必要がある（神経剤の作用により減少したコリンエステラーゼが、元のレベルに回復するまでには、通常は数十日を要する。）。

神経剤の症状の典型的なパターンは以下のとおりである。

○　原因不明の鼻水がでる。

○　呼吸が早まり、胸部の圧迫感が生じる。

○　瞳孔が収縮するため、目の前が暗くなる。
○　よだれ、激しい発汗、吐き気、嘔吐、ふるえ、脱尿、脱糞等の症状が現れる。
○　頭痛、錯乱、眠気、昏睡、ひきつけ等が起きる。
○　呼吸が停止して死亡する。

(2)　治　療　法

神経剤に被ばくした場合、直接の死因となるのは、呼吸機能の麻痺であるため、重症者に対しては、ニールセン法又はマウス・ツー・マウス法による人工呼吸や酸素吸入をしたり、口内の嘔吐物などを掻き出して気道を確保するなどの措置を速やかに行わなければならない。また、神経剤の作用を抑えるために、アトロピン及びＰＡＭ（共に薬剤名）の注射が必要であるが、この注射は、早ければ早いほど効果を発揮する。

２　びらん剤の場合

(1)　症　状

びらん剤のうちでマスタードは一般に刺激性が少なく、汚染されてもすぐには症状が出てこないという問題点があり、発症までに数時間から数日を要する。その症状としては、皮膚が赤く腫れ上がり、ただれ・水泡を生じる。特に目に対しては、微量でも効果があり、結膜炎や角膜損傷を引き起こす。ただし、よほどの重症とならない限り、びらん剤により死亡することは少ない。

(2)　治　療　法

発症した場合には、基本的に有効な治療法は無く、火傷に対する場合と同様な対症療法しか無い。回復までには、数週間から数か月を要する。

3　窒息剤の場合

(1)　症　状

窒息剤を吸入した直後は、咳などの症状がでるが、その後しばらく潜伏期として自覚症状の無い時間がある。しかし、この潜伏期の間にも肺障害が徐々に拡大し、やがて次の段階の症状が発現することとなる。また、窒息剤の濃度が特に高い場合には、直ぐに生命危険の状態に陥る。

▼吸入直後

○　咳がでる。

○　呼吸が早まり、胸部の圧迫感が生じる。

○　吐き気がして、嘔吐することがある。

○　頭痛がして、涙がでる。

▼吸入後二～二四時間後

○　呼吸が苦しくなる。

○　吐き気がして、嘔吐することがある。

○　呼吸困難によるチアノーゼ状態となり、唇や皮膚が青紫色になる。

○　不快、不安及び疲労を感じる。

○　泡を多く含んだ痰(たん)がでる。
○　肺障害によるショック状態で死亡する。

(2)　治療法

肺水腫を起こした場合、特に有効な救急薬は存在しない。呼吸困難に陥った患者は、直ちに新鮮な空気のある環境に搬出するとともに、人工呼吸、できれば酸素吸入を行う。人工呼吸をする場合には、肺水腫の症状が悪化するのを避けるため、用手人工呼吸法は避け、マウス・ツー・マウス法を用いる。

4　血液剤の場合

(1)　症状

血液剤の代表である青酸については、人間の肝臓にこれを解毒する作用が若干あるため、微小な濃度では、あまり顕著な症状は起きない。しかし、青酸の濃度が一定以上になると、肝臓の解毒するスピードを超えるため、急激に発症する。血液剤の症状の典型的なパターンは以下のとおりである。

○　鼻やのどに刺激性の痛みを感じる。
○　呼吸が早まり、胸部の圧迫感が生じる。
○　目が痛み、涙がでる。
○　頭痛、眩暈、吐き気、くしゃみなどが起きる。
○　呼吸困難となる。

○　痙攣及び昏睡状態となり死亡する。

(2)　治　療　法

直ちに新鮮な空気のある場所に搬出して、呼吸が回復するまで人工呼吸を継続する必要がある。また、救急薬として亜硝酸アミルの蒸気を吸引させるとよい。

7　第一次的対処要領

1　一般人の対処要領

異臭を感じたり、頭痛、吐き気、発涙など身体の異常を覚えた場合には、一般人のとるべき措置は、決して不審物等に近寄らず、周囲に注意するよう呼び掛けながら、とにかくその現場から速やかに離脱することである。その場合、特に以下の点に注意すべきである。

(1)　**息をとめて風上に逃げる**

サリン等のガス状の化学兵器は、毒雲となって風に吹き流されていくため、風上に逃げた方が、危険地域から脱出できる可能性が高い。この場合、あわてて走ったりすると、かえって息継ぎの際に、肺の奥まで化学兵器を吸い込んでしまう可能性があるので、慌てずに早歩きで現場を離脱する方がよい。また、この際にハンカチやタオルで鼻や口を覆うことも効果がある。

なお、化学兵器には、空気よりも比重が重く、地表面に滞留する性質のものが多いため、離脱する際には、身をかがめたりせずに、普通の姿勢で歩いた方が良い。

(2) できるだけ開放空間へと逃げる

地下街や室内のような閉鎖された空間では、化学兵器の濃度がなかなか薄まらないため大変に危険であるので、新鮮な空気が入ってくる開放空間へ速やかに移動する必要がある。地下鉄サリン事件においても、地下鉄のホームにとどまっていた被害者は、より多量のサリンを吸引してしまったものと考えられる。

なお、本人が密閉された室内（あるいは車内）におり、その外部で事件が発生したような場合には、むしろその室内は安全な空間と考えられるので、むやみに室外に飛び出さない方が賢明である。松本サリン事件においても、被害者の多くは窓を開けて就寝していた者や異常を感じて外に飛び出した者である。

(3) 化学兵器が付着している可能性のある衣服を捨てる

靴、衣服などに化学兵器が付着している可能性がある場合には、直ちにこれを脱ぎ捨てることが必要である。さもなければ、付着した化学兵器から立ちのぼるガスを本人や周囲の者が吸い込んで、さらに被害が大きくなる可能性がある。地下鉄サリン事件においては、被害者の靴にサリンが付着したまま病院に運びこまれたため、医師や看護師に二次被害が発生したと伝えられている。なお、二次被害防止のために、脱ぎ捨てた衣服はそのまま放置せずに、ビニール袋に詰め、その袋の口を縛って封印しておくとよい。

また、神経剤等は皮膚からも吸収されるため、皮膚に化学兵器と思われる物質が付着した場合には、直接それに触れないように注意し、ハンカチ等で直ちにつまみとる必要がある。さらに、危険地域から離脱した後で、身体、特に顔、手足など露出している部分を強い水流で一気に洗浄するとよい。鼻、口、のども、うがいなどで丁寧に洗浄する。

(4) 直ちに医師の診断を受ける

前述のように、神経剤などの化学兵器の場合には、特に自覚症状が無くても既に危険な状態に陥っていることが十分に考えられるので、速やかに医師の診断を受けることが必要である。

2　警察官、消防士等の対処要領

(1) 事前の措置

ア　教育訓練の反復と器材の点検

化学兵器に対処するためには、日頃からの教育訓練が不可欠である。地下鉄サリン事件においても、器材の取扱いに不慣れな担当者が、サリンを吸引して二次被害に遭ったと伝えられている。また、器材についても、破損の有無、使用期限等について定期的にチェックする必要がある。

イ　救急体制の整備

被害者を収容するための病院や治療に必要な薬剤のストックの確認、薬品中毒に関する専門知識を有する医師のリストアップなど、事前に救急体制を整備しておく必要がある。

(2) 事件発生時の措置

ア　情報の収集と関係機関への連絡

速やかに出動して情報の収集に当たり、患者の症状や、発生源、匂いなどの化学兵器に関する情報を関係機関に速やかに連絡する。特に化学兵器に冒された被害者の治療は一刻を争うため、医師の応援と化学兵器の特性に対応した救急薬品類の手配は最も緊急を要する。

イ　被害者の搬出

身動きのとれない被害者を、新鮮な空気のある開放空間へ急いで搬出する必要がある。救急処置が必要な場合でも、被害者をまず開放空間へと運び出してから治療した方がよい。なお、ガス状の化学兵器は、空気よりも比重が重く、地表面に滞留していることが多いため、できるかぎり被害者を横たえないようにすべきである。

ウ　二次被害の防止

被害者を仮収容する場所を直ちに設定して、二次被害防止のための措置をとる必要がある。特に、靴、衣服など化学兵器が付着している可能性がある物品を直ちに脱がせて、これをビニール袋に詰めて封印しなければならない。また、危険区域や仮収容場所に他の者が立入りできないように措置する必要がある。

エ　被害者の分類

症状の軽い者と重い者を仮収容場所で一緒にしておくと、症状の軽い者が二次被害を受けたり、現場の救急医療が混乱するおそれがあるため、症状の程度に応じて仮収容場所を分け、症状の重いグループについては、医者の手当てや病院への搬送を優先する。

オ　直ちに医師の診断を受ける

たとえ防護服を着ていたとしても、不注意等により化学兵器に冒されてしまうことが十分に考えられるので、常に自らの体調をチェックするとともに、作業終了後は、速やかに医師の診断を受けることが必要である。また、防護服は汚染されている可能性が高いので、十分に除染する。

（一九九六年四月脱稿）

焦点20

生物兵器の基礎知識と第一次的対処要領

1 はじめに

オウム真理教関係者は、サリン等の化学兵器だけでなく、生物兵器までも開発し、死傷者こそ発生しなかったものの、実際にこれを使用したと伝えられている。本稿においては、生物兵器テロが発生した場合に、その被害を最小限にくい止めるために、主に一般人や現場での応急措置に従事する警察官等を対象として、生物兵器に関する基礎知識と第一次的な対処要領を解説することとする。

なお、映画「アウトブレイク」で有名となったエボラ出血熱などの危険度の非常に高い伝染病についても、国際化の進展に伴い、病原体が何らかの形で我が国に持ち込まれる危険性が増大しているところであるが、そのような場合に対しても、本要領が参考になると思われる。

2 生物兵器の種類

1　生物剤と毒素

生物兵器は、人の体内で増殖してこれを発病・死亡させるウィルス、リケッチア、細菌等の微生物である「生物剤」と、この微生物によって産出される毒性物質である「毒素」に大別される。この毒素とは、微生物が作りだした毒物を抽出したもの、あるいはその毒物を人工的に合成したものであり、例えばオウム事件で有名となったボツリヌス菌は、その毒素が生物兵器として開発されている可能性が高い。

毒素生物兵器は、基本的に毒物という点で化学兵器と近似し、これに対する対処要領も、むしろ化学兵器に対する要領があてはまるものである。したがって、本稿においては、主に生物剤について解説することとする。しかしながら、毒素生物兵器は、生物剤よりも利用が簡便であることから、今後の生物兵器体系における比重は増大していくものと考えられていることを付言しておく。

【参　考】　ボツリヌス毒素

ボツリヌス菌自体は、水中に一般に存在する細菌であるが、その毒素は非常に強力であり、理論上はわずか数グラムで億単位の人間を死に至らしめることが可能である。

2　生物兵器の種類

生物剤は、いずれも感染性が高いという特徴があるが、感染の方法、潜伏期、死亡率、治療方法等千差万別であり、化学兵器のような類型化は困難である。したがって、主な生物剤について、その名称のみを列挙しておく。

⑴　ウィルス

クリミヤ・コンゴ出血熱、デング熱、エボラ出血熱、ハンタウィルス感染症、インフルエンザ、日本脳炎、ラッサ熱、リンパ球性脈絡髄膜炎、マールブルク出血熱、リフトヴァレー出血熱、ロシア春夏脳炎、天然痘、ヴェネズエラ脳炎、黄熱、ダニ脳炎、東部馬脳炎、西部馬脳炎、チックングンヤ熱、セントルイス脳炎

(2)　**リケッチア**

Q熱、ねずみチフス、伝染性（発疹）チフス、ロッキー山紅斑熱、ツツガムシ病、オウム病

(3)　**細　菌**

炭疽菌、ブルセラ病、野兎病菌、鼻疽、腸チフス、コレラ、ペスト、細菌性赤痢

【参　考】　炭疽菌

炭疽菌は、生物剤の中でも最も一般的なものであり、死亡率が高い（肺に感染した場合は、死亡率はほぼ一〇〇パーセント）、熱に強い（芽胞状態では、摂氏一〇〇度でも死滅しない。）などの特徴がある。

(4)　**真　菌**

コクシジオイデス症

3　生物兵器の特性

1　効果が不確実

生物兵器の効果については、個人差が非常に大きく、各人の体力、免疫の有無によってその効果は大

きく変化する。また、毒素を除く生物兵器は即効性が無く、発病まで時間を要すること、防護処置や治療により被害の予防や局限化が可能であることなど、生物兵器の効果は非常に不確実である。

2　検知が困難

生物兵器を早期に検知することは、化学兵器の場合よりもはるかに困難である。各種検知法を組み合わせて実施することが必要であり、検知法によっては検知に数日を要する。また、核兵器や化学兵器と比べると、毒素を除く生物兵器は、発病まで時間を要することから、それが実際に使用されたのかどうか（自然に発生した病気なのかどうか）、あるいは誰が使用したのかを事後に確認することが極めて困難である。

3　開発が容易

生物兵器の材料となる病原体それ自体の入手は、一部のものを除くと極めて容易であり、医療関係者であれば、研究用に市販されている病原体を購入することができる。その増殖についても、近年のバイオ技術の発達により非常に容易となっているため、基本的にワクチンの製造能力がある国であれば、生物兵器の生産が可能であり、また、オウム事件の例にみられるように、テロリスト集団においてもその開発が可能である。

4　心理的影響が大

生物兵器は、前述のように効果が不確実であるため、むしろその「心理的影響」に着目して、相手国の攪乱・騒擾を狙った戦略目的で使用されることが多いと考えられる。「街中を保菌者が歩きまわっているかもしれない」、「食物に菌がついているかもしれない」という日常生活における恐怖心は、たやすくパニックにつながるものであり、生物兵器は、その実害よりもむしろ心理的な面で、社会生活に重大な支障を与える。したがって、生物兵器の大量生産能力を有していないテロリスト集団であっても、生物剤を食料品店などで少量散布した上で、マスコミへの犯行声明等により市民の危機感をあおることによって、簡単に社会生活を麻痺させることが可能である。

4 生物兵器の歴史

生物兵器については、一九二五年のジュネーヴ議定書において、化学兵器とともに戦争における使用が禁止されていたが、細菌学の発達に伴い、第二次世界大戦前から、米国、英国、ソ連等で生物兵器の研究が開始され、日本においても、満州（当時）に配備された第七三一部隊で研究が進められていた。

第二次世界大戦では、戦場において生物兵器が使用されたという事実は確認されていないが、その後、旧ソ連及びその友好国は、俗に「黄色い雨」と呼ばれる毒素生物兵器を、東南アジア及びアフガニスタンで使用したと伝えられる。また、一九七九年、旧ソ連のスベルドロフスク研究所で、約一〇キログラムの炭疽菌が誤って空気中に放出されるという事故が起き、付近の住民多数が死亡する事態となり、ソ連全軍の防疫部隊が動員されたと伝えられている。

生物兵器に対する規制の動きとしては、一九七二年に生物兵器禁止条約が制定（日本は一九八二年に批准）され、生物兵器の開発、生産、保有等が禁止されているが、同条約を実効あるものにするための検証制度については、条約成立後二〇余年を経た現時点においても各国の合意が得られていない。また、関係諸国では、条約の批准に伴って貯蔵していた生物兵器を廃棄処分したとされているが、その一方で、条約で認められている防疫及び身体防護のための研究は継続されており、生物兵器の生産を再開しようと思えば何時からでもできる状態である。

5 生物兵器の使用方法

1　エアロゾルによる散布

この方式は、生物剤を混入した液又は粉末を霧状にして散布することにより、これを呼吸器から吸引した者を発病させるというものである。典型的な例は、航空機に噴霧装置を取り付けて気流中に放出するものであり、農薬の空中散布と同様なものと考えればよい。この方式は、人間の肺に吸引されやすい大きさのエアロゾル粒子を放出する技術の開発に若干手間取ると思われるが、航空機を利用した大規模な散布が可能である。

2　媒介物による散布

これは、昆虫等を生物剤の宿主とし、これを媒介物として人に感染させるというものである。例えば旧日本軍の第七三一部隊は、蚤を媒介物としてペスト菌を散布する研究を行っていたと伝えられている。この方式は、媒介物を生きたままでいかに効果的に散布するかということが問題となり、大量使用にはあまり適していない。しかし、媒介物それ自体が生き物であるため、その持久性が大であり、また、蚤の例が示すように、被害者の身体や衣服に付着して移動していくという危険性がある。

３　隠密な方法による散布

この方式の典型的な例は、食料品や飲料水に生物剤を散布することである。ゲリラ的に次々と散布していけば、たとえ生物剤が少量であっても、大きな社会不安につなげることが可能であり、特にテロリスト集団の場合には、前述のようにこの方式をとる可能性が非常に高いものと考えられる。

なお、水源地に生物剤を撒かれたら大変なことになるという意見があるが、我が国の上水道では、塩素による殺菌処理が行われているところであり、心理的効果はともかくとして、生物剤が散布されても実害はない。

⑥　一般人の対処要領

伝染病発生時の一般人の心得は、感染の危険をできる限り避けること、具体的には、患者や病原体に汚染された可能性のある場所に近づかず、洗浄と消毒を励行し、関係当局の各種指示に確実に従うことにつきる。

１　洗浄と消毒

一般的には、強い日光にあてるか、高温に曝すことにより、大部分の病原体を消毒することが可能である。消毒用の薬品としては、ホルマリン、苛性ソーダなど様々なものがあるが、一般人が最も利用しやすいものは、家庭用漂白剤の主成分である次亜塩素酸ナトリウムであり、これを水に溶かして洗浄や消毒に活用すればよい。

体の洗浄には、石鹸と熱いシャワーが最適であるが、これができない場合にも、うがいをしたり、顔、手などの露出した部分だけでも洗浄した方がよい。また、傷を見つけた場合にも、洗浄の後、その部分に菌が入らないように、抗生物質入りの軟膏を塗り付けておくとよい。

2　水や食品の衛生

水や食品については、摂氏一〇〇度で三〇分間の加熱調理をすることにより大半の病原体を殺菌消毒することができる。しかし、この程度の加熱では死滅しない病原体も一部にあるので、関係当局の指示があればそれに従うべきである。なお、圧力釜が利用できる場合には、二気圧、摂氏一二一度で二〇分間加熱すればあらゆる病原体を殺菌することが可能である。また、やむを得ない場合には、前述の次亜塩素酸ナトリウムを適量溶かして消毒した水を飲用することが可能であり、阪神・淡路大震災の際にも、その旨が厚生省により広報されている。

食品については、生食を避けるのはもちろんのこと、缶詰であっても容器の外側に菌が付着している可能性があるので、加熱調理をするか、又は開ける前に缶の表面をよく洗浄し、さらに次亜塩素酸ナトリウムの溶液にしばらく浸しておくとよい。

3　患者の処置

患者の治療については、生物剤に対する治療方法は千差万別であり、化学兵器の場合のような類型化は困難であるため、医療当局に全面的に任せることが必要である。緊急やむを得ず患者に応急手当をしたり、医療機関まで移送するような場合においても、病原体の感染を防ぐためにゴム手袋を装着するなど患者との直接の接触を避けることが必要である。

空気感染の防止のためには、ハンカチやティッシュペーパーを重ねたもので口を覆えば、完全ではないものの、病原体の流入を効果的に防止することが可能である。また、病原体の付着したおそれのある衣服や物品は、そのまま放置せずに、ビニール袋に詰めて封印したり、漂白剤による消毒や焼却などの措置をとる必要がある。

7　警察官等の対処要領

戦前における警察官の殉職状況をみると、その多くが伝染病発生時のものであり、当時の我が国の衛生水準の低さに驚くとともに、伝染病に対する対処体制が整うまでの間、応急措置に従事する関係者の身が大変な危険に曝されていることを如実に示している。

前項に示した一般人の対処要領は、警察官、消防士等の第一次的対処に当たる者についても、感染防止のため当然に適用されるものであるが、これに加えて、被害の拡大を防止する観点から、次の事項についても留意することが必要である。

1　防　護

オウム事件において、各種捜索の実施の際に使用された自衛隊開発の防護マスク・防護衣は、基本的には、化学兵器のみならず、生物兵器に対しても有効である。ただし、細菌等の中には、その取扱いに非常な注意を要し、宇宙服並みの装備を必要とするものもあることから、緊急の場合以外は、防護マスク・防護衣の着用者であっても、どの範囲までの活動をするかについて事前に専門家の助言を得ることが不可欠である。また、防護衣の使用後に消毒措置を念入りに行う必要があるのは、化学兵器の場合と同様である。

2　医療機関との連携

国立予防衛生研究所は、各地の地方衛生研究所と連携して、感染症の診断、検査、情報交換等を目的としたネットワークを形成しており、生物兵器が使用された場合に、問題の生物剤を検知・特定し、その治療法を確立するに当たっては、同研究所が中心的役割を占めることになると考えられる。したがって、正体不明の伝染病の発生など生物兵器が使用されたおそれがある場合には、このネットワークとの情報交換及び連携体制の整備に早期に着手することが極めて重要である。

【参　考】　国立予防衛生研究所

本研究所は、各種感染症の原因となる細菌等の研究及びその予防法や治療法の開発を業務としており、危険度が最も高い細菌等（「レベル―4」と呼ばれる。）を取り扱うために必要な高度安全実験室を有している。

3　隔　離

伝染病の蔓延を防ぐためには、患者及び保菌者（あるいはその可能性のある者）を早急に隔離するとともに、病原体の存在する可能性のある土地、建物への立入りを禁止することが必要であり、場合によっては、特定の地域への交通を一時的に制限する措置まで必要となることも考えられる。交通手段の発達により、人間の移動が高速化した現代においては、早期にこの隔離措置を行う必要性が特に増大しているところである。

4　パニック防止対策

生物兵器は、前述のようにその実害よりもむしろ心理的な面で、社会生活に重大な支障を与えるものであるため、生物兵器が使用された場合には、パニックの発生をいかに防止するかが最も大きな課題となる。起こり得るパニックの例としては、

○　患者の家屋が焼き討ちされる

○　「早くこの地域から脱出しなければ自分も感染してしまう」というデマによって住民の大量脱出が発生する

○　「A病院には治療薬がある」というデマによって病院が襲撃される

などが挙げられる。

パニック防止対策の基本は、住民に「安心感」を与え、「タイムリーな情報」を提供することである。前者については、早い段階から過剰と思われるほどの対処体制を整え、しかもそれが住民によく見えるように配慮することにより、住民に安心感を与えるとともに、違法行為に走ろうとする者を先制的に威圧することが可能である。

後者については、デマの発生・拡大は、情報の不足から生じるのが通例であるため、住民にタイム

リーな情報を提供することにより、デマを防止しようとするものである。そのためには、広報ビラや広報車の活用と電話相談窓口の開設が適当であり、特に電話相談窓口の開設は、デマの発生をいち早く認知し、早期に対処するためにも是非とも必要である。この場合、殺到すると予想される相談をスムーズに処理するために、できる限り多数の電話回線を確保するとともに、相談に的確に応答するための各種マニュアル（病院の案内、応急手当のやり方、食品衛生上の留意点等）を早急に整備することが必要である。

（一九九六年五月脱稿）

<著者略歴>

久本之夫（ひさもと　ゆきお）

1961年、広島県に生まれる。1984年、東京大学経済学部卒業、国家公務員上級職に採用。以後、外務省情報調査局、内閣官房内閣安全保障室、同外政審議室等で主として危機管理部門を担当。1992年、フルブライト奨学生として米国に留学。ビジネススクールＴＯＰ10のダートマス大学大学院で組織論を中心に専攻、日本型経営と米国型経営の長所を融合した未来型のマネジメントスタイルを研究。1994年、ダートマス大学大学院を卒業、ＭＢＡを取得。組織論とマーケティング論の最優秀学生に贈られるハミルトン賞を日本人として初めて受賞。以後、経営コンサルタントとして活躍するとともに、危機管理評論家としても活動。月刊「Voice」（PHP 研究所）、「捜査研究」（東京法令出版）等に危機管理や組織論をテーマとする論文を多数発表。失敗学会会員。危機管理システム学会会員。

著作：『歴史に学ぶ組織管理のノウハウ』（1998年、PHP 研究所）
『危機管理の諸問題』（2000年、立花書房）

危機管理の焦点

平成15年９月１日　初 版 発 行
平成16年７月23日　初版２刷発行

著　者　久　本　之　夫
発行者　星　沢　哲　也
発行所　東京法令出版株式会社

112-0002　東京都文京区小石川５丁目17番３号　03(5803)3304
534-0024　大阪市都島区東野田町１丁目17番12号　06(6355)5226
060-0009　札幌市中央区北九条西18丁目36番83号　011(640)5182
980-0012　仙台市青葉区錦町１丁目１番10号　022(216)5871
462-0053　名古屋市北区光音寺町野方1918番地　052(914)2251
730-0005　広島市中区西白島町11番９号　082(516)1230
760-0038　高松市井口町８番地８　087(826)0896
810-0011　福岡市中央区高砂２丁目13番22号　092(533)1588
380-8688　長野市南千歳町1005番地
〔営業〕TEL 026(224)5411　FAX 026(224)5419
〔編集〕TEL 026(224)5412　FAX 026(224)5439
http://www.tokyo-horei.co.jp/

ISBN4-8090-3024-5